蒋巧林　著

求职不求人

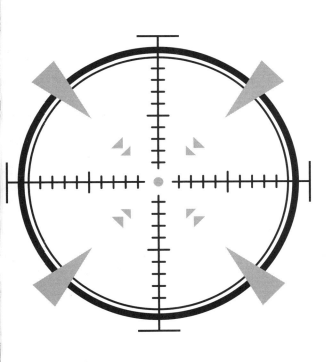

浙江文艺出版社

Zhejiang Literature & Art Publishing House

**图书在版编目(CIP)数据**

求职不求人 / 蒋巧林著. —杭州：浙江文艺出版社,2024.6

ISBN 978-7-5339-7574-6

Ⅰ.①求…　Ⅱ.①蒋…　Ⅲ.①职业选择 Ⅳ.①C913.2

中国国家版本馆 CIP 数据核字（2024）第 065819 号

| | |
|---|---|
| **责任编辑** | 姜梦冉　诸婧琦 |
| **责任校对** | 牟杨茜 |
| **责任印制** | 吴春娟 |
| **装帧设计** | 徐然然 |
| **数字编辑** | 姜梦冉　诸婧琦 |

## 求职不求人

蒋巧林　著

| | |
|---|---|
| **出版发行** | 浙江文艺出版社 |
| **地　　址** | 杭州市环城北路 177 号 |
| **邮　　编** | 310005 |
| **电　　话** | 0571-85176953（总编办） |
| | 0571-85152727（市场部） |
| **制　　版** | 浙江新华图文制作有限公司 |
| **印　　刷** | 浙江新华印刷技术有限公司 |
| **开　　本** | 710毫米×1000毫米　1/16 |
| **字　　数** | 102千字 |
| **印　　张** | 10.75 |
| **插　　页** | 1 |
| **版　　次** | 2024 年 6 月第 1 版 |
| **印　　次** | 2024 年 6 月第 1 次印刷 |
| **书　　号** | ISBN 978-7-5339-7574-6 |
| **定　　价** | 59.80 元 |

## 自序

你好，我是Amy老师。

后疫情时代，作为职场新人的你是否在深夜为了一个寄予厚望的面试而辗转反侧？是否在几十份简历石沉大海后迷茫失落？是否在家待业被所有亲戚朋友冷眼嫌弃？是否在新入职后被公司老油条"卷"到怀疑人生？是否为了实现购物车自由，在脑中模拟薪酬谈判的场景？如果有，给你一个温暖的拥抱，还有一份Amy老师为身为新人的你量身定制的课程"求职不求人"。

我在人力资源领域服务了十年，曾经在世界五百强企业服务三年，在一家知名集团企业工作了三年；创业多年，主要客户包括复星集团、万达集团、平安集团等三十多家知名集团和大型上市集团公司。我面试过的中高管超过五千人，曾经为两千多位中高管做过职业规划和一对一面试辅导。同时，我也为清华大学、北京师范大学等多所高校的同学做过职业规划指导和就业辅导。业余时间我也热爱写作，是一名职场畅销书作家，代表作包括《完美跳槽》《完美管理7思维》等，《完美跳槽》已输出国外版权。

这些经历让我有信心帮助你找出求职的难点、盲点和痛点，并给出切实可行的解决之道。

我们的课程包括挑选公司、准备简历、如何面试等，本书后半程重点提炼了一些面试案例分析，最后还有薪酬谈判的系统课程。相信在系统、完整地学习本书课程后，你一定能大幅度提升找到好工作的概率。

听Amy老师的课，找到好工作。

蒋巧林

# 目 录

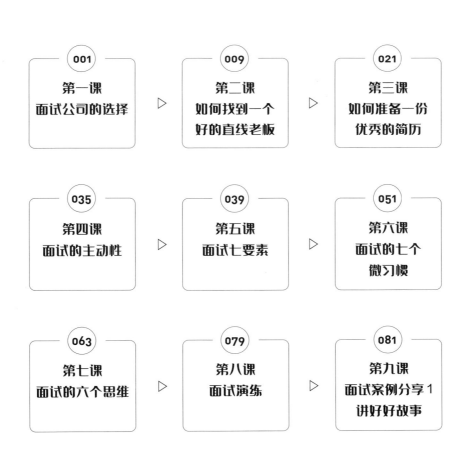

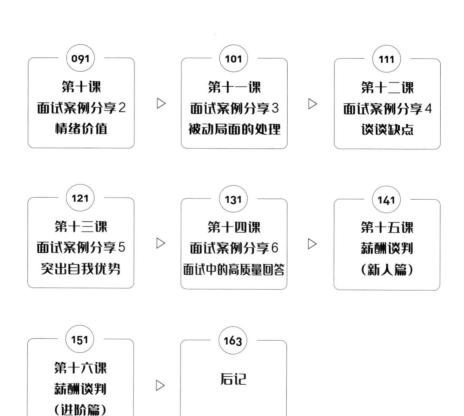

## 第一课
## 面试公司的选择

### 划重点

　　找好工作的前提是选择一个正确的、与你相匹配的面试公司，这样的公司通常具有以下特征：

　　是新兴产业、知名度或美誉度高的企业；目标面试公司处于稳定期或成长期；公司有人情味；目标部门是公司的核心业务部门；直线老板是好老板；工作环境好（安全且安静）；通勤时间短。

你好，我是Amy老师。

欢迎来到我的课程《求职不求人》。今天我们要从零开始讲解如何找到一份好工作。

找好工作的前提是选择一个正确的、与你相匹配的面试公司，这样的公司通常具有以下特征：

## ▶ 是新兴产业、知名度或美誉度高的企业 ◀

你的目标公司最好属于国家战略性新兴产业，是在行业内知名度和美誉度高的企业。新兴产业的前景可以让你清晰地看到光明的未来，行业发展的赛道选择是最重要的。只有在大有可为的行业里面奔跑，才能跑得更快，跑得更远。品牌价值高的企业是个明智的选择，特别是对于初入职场的大学生而言，公司的品牌价值会给你带来个人价值的光环效应，也会给你的职场发展创造先机。多数企业在筛选简历时，名企的光环效应是大于名校的。让一个职场新人变得职业化最快的方式就是实战，而拥有系统培训体系的名企的实战训练就是将来你跳槽时最好的背书，名企的人脉资源也会成为你赢在职场的法宝。所以，如果你的第一份工作能进入知名大厂，这对你将来的职业生涯发展会特别有益。

## ▶ 经历过季节变化 ◀

一般来说不建议职场新人去新创业的公司。对于公司来讲，其发展阶段一如四季，可以大致分为：新生期、成长期、稳定期和衰退期。能加入处于稳定期的公司固然是好事，但如果你的目标面试公司正处于成长期，其实也是不错的选择。在发展缓慢的公司，你很难有机会去锻炼处理复杂问题和危机的能力，但是在节奏变化很快、处于成长上升期的公司里，你就有躬身入局的可能。

市场瞬息万变，公司发展不仅仅取决于公司战略预判和团队努力，有时是大势所趋。大势的变化会让公司一夜之间从新生到盛夏，或者从暖春到寒冬。作为公司一员的你和团队一起在寒冬奋战的经历会成为你职业生涯的一段难得的经历。危机管理是每一家公司都可能遇到的难题，如果拥有危机处理的成功经验，你后续跳槽时被录用的概率就有可能会大大增加。

## ▶ 公司有人情味 ◀

有人情味的公司如春天。

先说一个疫情期间发生的小故事。

> Amy 老师的一个客户的公司在疫情期间客户减少，回款周期延长，但他没有裁员，没有降薪，没有减少任何福利，没有拖欠供应商一分钱。疫情过后，公司的员工敬业指数明显提升，公司业绩超预期增长。

这个故事有没有让你感受到春天的气息？选择有人情味的公司会让我们有三种境界的提升。第一，见贤思齐。有人情味的公司也会潜移默化地把我们熏陶成有人情味的职业经理人。第二，有人情味的公司会帮我们规避很多职场潜在的风险。一来有人情味的公司的老板多半有底线思维，公司通常不会出现巨大的危机。二来在公司遇到困境的时候，老板多半有担当，有责任感，会给员工最大的保障。即使是裁员，也会给员工一个最合理的离职补偿。第三，有人情味的公司会给你带来更多的情绪价值。工作占用了我们一天里三分之一甚至更多的时间。如果长期处在压抑的工作环境中，个人的幸福感就会大打折扣。记住，某些时候，有人情味的公司会在你最困难的时候拉你一把，让深陷寒冬的你感受到春天的温暖。

## ▶ 目标部门是明星部门 ◀

好部门宛如一个小家园，是你温馨的港湾。好部门的标志之一是，部门是公司的核心业务部门。核心业务部门拥有更多的资源，更多的话语权，更多的机会。和凤凰在一起的时候，哪怕成不了凤凰，也会有凤凰团队的明星光环和凤凰的朋友圈。好部门的标志之二是，部门领导是一位有能力且有人格魅力的职业经理人。有能力的领导代表他在公司有上升空间，有人格魅力决定了他会给团队的成员创造上升空间。好部门的标志之三是，部门经常有互动，有连接，有笑声。如果一个部门的同事各自为政，没有任何抱团取暖的痕迹，死气沉沉的气场会严重影响你的心情，让你的职场生活状态没有生命力。和一群冷血的同事在一起，你不会得到任何滋养，只会不断被消耗。

## ▶ 直线老板是好老板 ◀

公司里的直线老板是否是好老板，这是个非常重要的命题，Amy 老师会花一节课详细讲解如何找到一个好的直线老板。真实的职场中，直线老板是好老板的公司值得你重点考虑，好老板比好公司更重要。新人培训体系特别完善的公司毕竟只是少数，在大部分公司里，职场人士的学习对象是自己的直线老板。好的直线老板，会成为你职业发展的加速器。"近朱者赤，近墨者黑"的道理人人皆知，选择一个人品好、能力一般的直线老板，远胜过选择一个能力好但是人品差的直线老板！

## ▶ 工作环境好 ◀

不要小看工作环境，工作环境的好坏会给你带来许多意想不到的影响。好的工作环境标准之一：安全的环境。例如，少数公司为了降低成本，会用材质较差的办公家具和装修材料，或者没有严格按照规定时间让新装修的办公室充分通风透气，这就有了甲醛超标和其他有害气体伤害身体的隐患。好的工作环境标准之二：安静的环境。研究表明，办公室噪声会导致听力下降乃至提高患心脏病的风险，办公室噪声正在成为除颈椎病、干眼症外的影响职场人士身心健康的第三大杀手。所以选择安静的办公环境尤其重要。你可以事先考察一下准备面试的公司：公司所在的办公建筑是否临近交通繁忙的道路？周围基础建设是否齐全？建筑物声音设计是否达标？办公设备是否缺乏消声处理？公司大多数同事是否缺乏隐私观念，说话声音高，交谈频繁？这些你在面试时都可以趁机悄悄观察一下。

## ▶ 公司离你住处近 ◀

通勤时间长短是职场人士能否获得幸福感的重要因素。公司离住处近会给你一个春天般的心情，让你有更多的时间去学习，去充电，去经营自己的情感生活。由此激发的幸福感又会给你提供更多的正能量，让你在工作中春风满面。由于长期和管理者打交道，Amy老师发现每一位优秀的管理者对通勤的时间长短都格外关注。为了节省通勤的时间成本，他们采取的方式有很多，比如在公司附近租房，或者举家搬迁到公司所在的城区。不管你是职场小白还是职场管理者，都要充分考虑公司的通勤距离，因为离公司近不仅仅能让你获得更多的幸福感，也会给你创造更多机会。比如公司临时有突发性的工作，需要员工到公司现场处理，你可以随叫随到；直线老板周末在外出差、办事，无法到公司现场解决突发事件的时候，你可以马上代劳，这样你就成了公司和直线老板"看得见"的下属。让自己"被看见"的能力是非常重要的！专业的说法是职业能见度。简单地说，就是那些在工作上有权力把你往高处推进的人，在用人之际看到你、想到你的程度。经营职业能见度是职场高手对自己负责任的标准动作。日复一日例行常规的工作很难让你脱颖而出，特殊时刻你敬业、真诚、全力以赴的表现就有机会成为你职场的转机。再补充一个小细节：大都市里堵车是常态，经常迟到在职场的印象管理中是一个大大的减分项。如果你住得近，就不会有迟到的困扰，守时会成为你自律的标签。

好了，关于如何选择面试公司，今天就分享到这里。

## 第二课　如何找到一个好的直线老板

**划重点**

直线老板是否值得追随，有三点心得和七个不要：

未来的直线老板是否是明星老板；是否愿意培养你；是否人品好。不要频繁更换下属；不要负能量过多；不要太花心；不要自我优越感过度；不要过度追求完美；不要透支自己去迎合老板；不要烟不离手，酒不离口。

你好，我是Amy老师。

今天我们来详细讲讲如何判断你的直线老板是否值得追随。前面Amy老师讲过，好老板有时候比好公司更重要。新人培训体系特别完善的公司毕竟只是少数，在大部分公司里，职场人士的学习对象是自己的直线老板。好的直线老板，会成为你职业发展的加速器。

直线老板，或者称直属上司，很可能在面试时会坐在HR边上观察你，你也可以趁机观察他。如何判断直线老板是否是好老板呢？Amy分享三点心得：

### ▶ 是否是明星老板 ◀

你要观察、打听直线老板是否是明星老板，有明星简历、明星业绩、明星经历。如果答案是肯定的，这样的老板在公司受重用，机会比较多，老板机会多的时候，下属的机会也会增加。而且，只有他升职了，你在公司才有升职的空间。如果目前的职位就是他的人生巅峰了，你在公司向上的空间就比较有限。HR在面试你时，如果频频提起他边上"某人"的光辉业绩，这一项就可以打钩了。

## ▶ 是否愿意培养你 ◀

职场通常有两类老板：一类是只让你不停地输出，但不给你可持续的输入，通俗地讲就是只用你，不管你；还有一类是既让你输出，又辅导你，给你输入，通俗地讲就是既用你，又教你。职场新人有可能不太理解输出和输入的含义，简而言之，输出就是贡献你既有的知识和价值，输入就是获得新知识和新价值。只用你、不管你的老板多半不够自信，或者说他的心思不在公司，不在团队，到底心思在哪里只有他自己知道。短期内这样的老板估计你还能忍受，长期来讲就很难友好合作。因为每一位有所追求的职场人士都渴望成长。只有输出、没有输入的工作会让你心生厌倦，毫无生机，觉得自己被榨干了。既用你，又教你的老板就会在你面试、入职的时候给你信号，他会耐心细致地全方位了解你，同时清晰且完整地给你量身定制一份匹配你个人发展的职业规划，告诉你，在他的团队里，你可以得到哪些成长、哪些锻炼，需要你做到哪些付出。我们都知道，竞技体育教练很重要，职场竞争力能否提升也取决于你是否遇见了一位好老板、好教练、好导师。

## ▶ 是否人品好 ◀

　　人品好、能力差一点的直线老板可以追随，人品差、能力强的直线老板不值得合作。组织在发展的不同阶段需要不同的人才，有些人是因为对组织的忠诚度和敬业度而晋升到管理岗的，这部分人能力可能会弱一点，但是他们会给下属提供一个踏实、安全、安心的发展空间，不会给你设陷阱，让你背黑锅。这里 Amy 老师要重点提醒一句：对人品差、能力强的直线老板，要立刻、马上、不动声色地断舍离。只要发现一件事证明他有人品问题，你就要果断选择远离。因为一个人能在职场上有所建树的前提是远离风险。和没有底线的人在一起，只会让你离梦想越来越远，一点小利益不要贪，一点小便宜不要图，要时刻提醒自己心怀长期主义，为自己一生的幸福去细细思量。你的直线老板人品如何，是需要你在面试中认真观察和考量的。面试是双向选择，当别人在选择你的时候，你也在选择他！

　　课程重点来了，现在我们重点谈谈切实可行的选择直线老板的"七不要"。

## ▶ 不要频繁更换下属 ◀

不要选择频繁更换下属的直线老板。你可以通过 HR 或者其他渠道去了解这一点。比如说你可以这样问 HR：我这个职位的前任待了多长时间？或者问他：我这个部门的流动性大不大？这个职位的同事们在公司服务多久了？频繁更换下属的直线老板，领导力堪忧，部门内耗也比较严重，而且表象背后隐藏着很多潜在的危机。

## ▶ 不要负能量过多 ◀

不要选择负能量多的直线老板。面试前可以打听打听直线老板的性格。如果听到有人抱怨他脾气很差的时候一定要谨慎加入。宰相肚里能撑船。优秀的直线老板包容度一定是比较大的。如果频繁地朝下属发脾气，或者情绪经常失控，把负面情绪发泄在下属身上的直线老板，尽量选择远离。一份工作的意义不仅仅是一个生存的饭碗，更重要的是一个可以持续成长、聚集和吸纳更多正能量的港湾。负面情绪是会传染的。Amy老师接触过很多受上司的糟糕情绪影响的职场朋友，他们有些甚至会出现抑郁症症状。比起长期的隐忍、长期的情绪霸凌，你不如早早离开，或者从一开始就不要合作。不要小看情绪的力量，健康的身心是你一生幸福的源泉。

## ▶ 不要太花心 ◀

不要选择花心的直线老板。你可以从各个侧面去了解直线老板的道德品行，也可以在面试时从他看你的眼神里解读一二。爱情是美好的！但是一定要远离以爱情的名义裹挟尊严的登徒子。不要爱慕虚荣，不要为不纯洁的感情去飞蛾扑火。不要还没开始职场的奔跑，就被错综复杂的情感裹足不前。职场中，我们看到过很多因情而伤的鲜活案例：比如成为直线老板的情人后被原配大闹公司，最后双双断送大好前途；比如直线老板和公司多人情感纠缠，大家互相争风吃醋，无心工作。远离纷争，从远离花心的直线老板开始！

## ▶ 不要自我优越感过度 ◀

不要选择自我优越感过度的直线老板。总是高谈阔论，总是吹嘘自己多厉害，总是强调自己的关系通天的直线老板不要追随。面试的时候你总是听到他自卖自夸，总是听到"我我我"出现在他的话语体系里，他的眼里只有他自己！自私自利的老板的突出表现是，利益都是他的，黑锅都是你的！好处都是他的，坏处都是你的！永远不要成为自私自利的老板的垫脚石！永远远离以自我为中心的直线老板，因为管理的底层逻辑之一是利他。利他的老板应该为了使别人获得方便与利益，尊重他人利益，这是有益于社会的行为。老子曾说，水善利万物而不争，很重要的一个原因就是水包含了利他精神。只有利他的人，才会有精神上的大格局，有灵魂上的高度。反之，如果只是为自己的一己私欲而活，那永远只能是井底之蛙。

## ▶ 不要过度追求完美 ◀

　　尽量不要选择过度追求完美的直线老板。面试的时候，如果你发现直线老板有完美主义倾向，谨慎追随。完美主义的老板会在细节上极端苛刻，一个PPT（幻灯片演示文件），一个工作报告可能要你改几十遍，这些意义甚小的返工容易摧毁你的自信，让你身心疲惫。同时，细节的反复修改会大量占用你的个人时间。你需要拿出很多休息时间甚至牺牲睡眠时间去迎合他的完美主义。不要期望他能改变，趁早改变迎合的委曲求全，果断放弃和他合作。如果在面试中发现未来的直属上司对工作的要求过度完美，你就要为自己敲响警钟了。不过你可以打听一下相似职位的直线老板，同公司不同部门还是可能存在和你目标职位相似的工作的，如果另一位直线老板听上去不错，你可以积极寻找调岗的机会，果断"弃暗投明"。

## ▶ 不要透支自己去迎合老板 ◀

尽量不要以透支自己各种资源的代价去与直线老板为伍。职场中资源整合是好事，但是面试时就希望通过你的人脉资源，特别是亲戚的人脉资源来做这做那的，要警惕。警惕他透支你的资源之后一脚踢开你，重新找其他可以为他所用的人，警惕他可能为了达到目的，不会周全地保护你有限且稀缺的资源。资源需要在公平、共赢、对等的前提下进行等价交换。不能为了一个工作机会，就无条件无底线地把自己的资源拱手让人。

## ▶ 不要烟不离手，酒不离口 ◀

这一点有时候会被职场朋友忽视：尽量不要选择烟不离手、酒不离口的直线老板。如果在你面试的过程中，他都是吞云吐雾的状态，又或者他的办公室到处都是酒，到处都有空酒瓶痕迹，谨慎追随。自律带来自由。如果直线老板烟酒不离身，可以侧面反映出他的自律能力较差，自律能力较差会带来很多职场隐患。退一万步讲，天天吸饱二手烟的工作环境会让你度日如年，经常和嗜酒老板打交道也会被无形地感染。

今天花了一节课的时间和大家分享直线老板的选择问题，我们讲了三点心得和七个不要，希望对同学们有启发。

愿大家都能遇见一个好的直线老板！

面试公司的选择

1　是知名度高、美誉度高的企业

2　处于稳定期或成长期

3　公司有人情味

4　明星部门

5　好的直线老板
　　（三个是否，七个不要）

6　工作环境好

7　离住处近

## 第三课　如何准备
## 一份优秀的简历

## 划重点

　　了解自己最快的方式就是给自己写一份优秀的简历。

　　简历的核心内容是：过去就职的公司、主要工作职责，还有主要业绩。主要业绩要用数据说话，主要职责要用事实说话，对于过去就职的公司，有必要的话可以概括核心业务。

　　优秀的简历一定是量身定制的。求职的底层逻辑不是你有多好，而是你有多匹配目标岗位。不要过度追求完美的简历，而应该追求一份真实的简历。

你好，我是Amy老师。

《孙子兵法》说道："知彼知己者，百战不殆。"大意是：充分了解敌人和自己，你就能经历百次战斗都不遭受失败。了解自己最快的方式就是给自己写一份优秀的简历。

今天我们来讲如何准备一份优秀的简历。

好的简历是你面试的第一张名片。

我将从三个维度跟大家分享如何准备一份优秀的简历，包括简历为什么重要、简历需要哪些内容，还有简历背后的诚信问题。在讲简历内容时还会有关于页数多少、是否要附照片等问题的具体展开。

记住：不管你是已经在工作，或是正在考虑找工作、考虑跳槽，都需要随时能拿出你最新的简历，凡事预则立，不预则废。当你做到有备无患时，你就会发现很多时候，随时能"点击发送"的优秀简历会让你占尽先机。

#### ▶ 第一个维度，重视简历 ◀

简历为什么重要？

我们经常听到求职市场上有这些声音：

· · ·

"这是我五年前的简历了，一直比较忙，都没更新过！"

"我从没做过简历！"

"简历？我换工作从来不需要写简历，都是圈子里朋友推荐！"

"我很忙，网上的简历都是我男朋友帮我写的！"

"我没写简历，在前台填了几页表，你要不按照这个表帮我写一份吧！"

类似的话我和同事们听到过不计其数。说到这里 Amy 老师是真的急啊！替所有不重视简历的职场人士着急！职场瞬息万变，我们需要未雨绸缪。随时能拿出一份优秀的简历，可以让我们在千载难逢的机会面前快速响应，或者在遇到危机时，第一时间化危机为转机，将你的简历第一时间传递到能帮助你、服务你的人力资源专业人士手里。在求职市场上，你比其他竞争者快一点，你就是占尽先机！如果你的电脑硬盘、U盘或者网盘里到现在都没有一份简历，今晚请少玩点游戏，少去参加一次无厘头的应酬，认认真真地坐在书桌前写一份自己的简历。记住：简历是你的！这是所有未曾见过你的猎头、HR、你未来的同事、老板对你的第一印象。毫无疑问，第一印象至关重要。

## ▶ 第二个维度，简历内容 ◀

简历需要哪些内容？

我和同事经常听到这样的话：

"从来没写过简历，都不知道怎么写！"

"昨晚加班太晚，匆匆忙忙写的简历，你先看看，帮我改改！"

"简历的内容我是从岗位说明书上copy（复制）下来的，不行你再帮忙改改！"

　　行，猎头顾问帮忙修改简历天经地义，但如果你连给出基本信息都是敷衍了事，猎头顾问真是难为无米之炊呀。哪怕学业再忙，工作再辛苦，也要挤出时间完善简历。记住：认识你自己，从简历开始。

　　简历的核心内容是：过去就职的公司、主要工作职责，还有主要业绩。主要业绩要用数据说话，主要职责要用事实说话，对于过去就职的公司，有必要的话可以概括核心业务。切记简历中不能出现任何错别字和病句。请从你的硬件和软件条件上客观地分析自己，提炼出三到五个核心竞争力。有三个要点：第一，自我评价。这点非常重要。突出自己与岗位要求最匹配的硬件特点，比如名校或者985、211的学历背景，比如获得注册会计师或者其他岗位要求的职业资格证书等等。第二，你实习或者工作期间的突出成绩或者业绩，尽量用数据说话。第三，你的性格特质。重点提炼出你最突出、与岗位需求最匹配的两三个性格特点。

还有三个加分项分享给大家，这三个加分项对感觉自己简历平平、亮点少的新人们尤其有用。第一项，如果形象气质佳，你可以直接大大方方地写上，形象气质好绝对是加分项。记住照片一定要突出你的形象优势。第二项，如果文体好，比如钢琴弹得好，歌唱得好，舞跳得好，或者体育项目、智力竞赛项目，以及各种才艺比赛获得过奖项，一定要写上。有的时候你的才艺会让平平无奇的简历变成一份闪闪发光的简历。企业方不仅仅希望招聘到专业对口的人才，更需要的是复合型人才，要能为企业发展创造多维度的价值，特别是能和企业现有团队形成互补价值的人。我在企业做人力资源副总的时候，曾经招聘了一位简历平平，但是文艺才华非常突出的求职者，后来我们公司晚会节目的策划和主持她都有非常亮眼的表现。第三项，如果简历本身没有特别的亮点，想想你成长环境与公司匹配的地缘优势，对于熟悉当地人文、商业、历史环境的求职者，公司的人力资源都会给加分。再想想你学校或者有影响的同门师兄师姐和公司是否有匹配的优势，比如母校的校办企业，是否有可能成为公司未来的客户或者合作伙伴，比如你有影响力的师兄师姐是否会给公司带来商业价值和社会价值。你可以在简历上强调校友资源丰富，在面试中勇敢表达你可以通过母校的圈子去给公司创造和师兄师姐连接的机会。不要放弃任何一种自己能给企业创造价值的表达。

写简历，有一条捷径可以走，那就是从网上下载简洁清爽的简历模板，按照模板填写。但有一点值得我们深思，越优秀的求职者，简历或许准备得越优秀。因为优秀的简历一定是量身定制的。很多未能量身定制简历的职场朋友都吃过这方面的亏。这是职场朋友经常忽视的求职盲点。每一家公司的岗位要求都有偏好。有的能体现在岗位说明书里面，有的需要你自己去抽丝剥茧地调研和分析。你要通过对职位、对公司、对市场环境的分析，总结出岗位的核心要求，找出自己与之相匹配或者潜在匹配的亮点去优化简历，提升你的简历匹配度。Amy老师在五百强猎头公司工作多年，我们公司培训的灵魂就是匹配——match这个词高频出现在我们工作的每一天，无论是与客户合作，还是与求职者沟通。同一家公司的不同岗位会有不同的需求侧重，不同公司的同一岗位也会有细微的区别。记住，每一个职位都需要一份量身定制的简历。我们要通过各种渠道和人脉资源去了解岗位需求的关键点和细节，如此我们才能写出匹配度高的简历。比起错过一个好机会的遗憾，为一份优秀的简历多投资一点时间和精力绝对是值得的。求职的底层逻辑不是你有多好，而是你有多匹配。

再来讲讲简历内容的细节问题：简历多长才合适？

简历，简历，最重要的是"简"这个字，千万不要把简历写成自传！我听到过求职者发简历时说：

> "我的第八页最下面写了我的优势，你没看到吗？"
>
> "我简历内容太多，发了个压缩包给你，你查收一下！"
>
> "我做了一个简历PPT，里面有很多图案都是我设计的！"

啰里啰唆的简历，格式混乱的简历，版本五花八门的简历都不可取。

你以为我们人力资源工作者一天就看几份或者几十份简历吗？告诉你，相关数据统计，一位专业的人力资源工作者每天要看的简历至少上百份，每份简历停留的时间不过几秒钟，最长不超过一分钟。一两张A4纸的文字量足以描述你的职场经历，最好不要超过三张纸。记住：简历顾名思义就是简单的经历。有句谚语："如果我有更多时间，我会写一封更短的信。"

长篇大论的内容，不需要；画蛇添足的描述，都删掉；热血沸腾的信件更是不可取。如果公司不要求英文简历，不要附上英文版画蛇添足。如果目标企业是国内企业的普通岗位，准备中文简历就足矣；如果目标企业是外企，或者岗位对英文有特别要求的，就请一定要认真准备一份英文简历。或许在你看完自己的英文简历之时，你对自己是否能胜任该职位已经了然于心。

下一个问题，简历是否要附照片？

照片是你在面试官跟前的第一次亮相。如何让你的照片成为加分项是你必须要做的功课。这个细节是很多职场朋友，特别是男性职场朋友所忽视的。

我们经常听到这样的声音：

"我不喜欢照相，发给你的那张照片还是三年前拍的！"

"那是我上次出去旅游拍的照片，你先发给客户看看吧！"

"我就这张职业照，不行就算了！"

"这是我大学毕业时拍的一张照片，当时还挺瘦的。"

"那是我的艺术照，特意挑了张我最满意的给你！"

"照相的时候阳光太强烈，所以发给你的照片皱着眉头！"

我们做猎头顾问和HR的，几乎每天都会为了求职者的照片这种所谓的小事而抓狂。有的求职者甚至夸张到拿自己的婚纱照——做新郎官时的照片应付！求职无小事！记住，一般地说，一寸职业照大部分公司都青睐，关键词：近照，真实，清晰，职业。近照就是近半年的照片，最长不要超过一年。真实就是不要被各种美图软件迷了双眼，求职不是选美，而是选合适的。清晰就是不要有朦胧感，像素模糊的照片会让你的印象分大打折扣。职业是指你的照片要尽可能地体现你的职业形象。面试时尚编辑岗和面试程序员的岗位肯定对服饰要求有不同的偏好。当你把握不准的时候，你可以通过各种视频网站去看看应聘公司的同事的服饰，模仿他们，惟妙惟肖地模仿他们。模仿是成功的捷径。

建议你花点时间，去一家专业的照相馆拍职业照，你需要做到整洁、干练和自然。心理学家研究发现，人们对他人的交际印象中，55%取决于人的外表，也就是客户对你的第一视觉印象。这件事和性别无关。有时候，一张不合适的照片会成为你求职路上最意想不到的绊脚石。

## ▶ 第三个维度，简历诚信 ◀

我们来谈谈简历背后的诚信问题。

先让我们听听职场的各种声音：

"我有一段工作空当期，为了让简历好看点，我就把空当期的时间合并到上一家公司的在职时间里了！"

"我的学历其实不是统招本科，简历上没标清楚。"

"这份简历是有点水分的，我把同事的工作内容也写到了自己的简历上。"

顾问团队经常遇到简历上有各种瑕疵的求职者，大部分是在推荐之前暴露问题，偶尔也有在推荐之后才暴露的。分享一个真实案例：

我们曾经合作的一位高管因为简历中谎报了长达三个月的职场空白期而错失了一个非常好的工作机会。他期望瞒天过海，骗过猎头顾问，骗过人力资源，骗过用人单位，最终骗不过的是背景调查和新员工入职材料审查。部分求职者不以为意："我都承认了，认错了，还要怎么样？"但用人单位是无法原谅造假的。

诚信的机会只有一次，没有第二次。不要过度追求完美的简历，而应该追求一份真实的简历。简历有点瑕疵是正常的，几个月的职场空白期，或者学历、学位是成人教育毕业，以往工作内容和新的岗位要求有部分不匹配，这都是很正常的。所有虚假的粉饰最后只会败给真实的皇冠。诚信是你职场的护身符，也是你一生的护身符。从今天开始，坚持做一名简历诚信的人，一生受益无穷！

期待你分享拥有一份优秀简历的快乐！

## 应届毕业生简历参考

一寸证件照

| 👤 **姓 名** ××（身份证上的名字） | ✈ **出生年月**（年龄） ×× |
|---|---|
| 👤 **性 别** ×× | 📍 **目前所在地** ×× |
| 📞 **联系电话** ×× | ✉ **邮 箱** ×× |

### 教育背景

| ××**大学** ××**学历** | ××**专业** | **毕业日期** |
|---|---|---|
| **技能证书和获得奖项** | | |

### 自我评价

### 实习经历

| ××**公司** | **工作起止日期** |
|---|---|

**职位**

**主要职责**

**实习收获**

### 校园经历

**大学获得的奖项，学生会经历和收获**

××**大赛**　　大赛规模和介绍，获得奖项和收获

××**活动**　　活动介绍，活动的主要职责，活动的收获

## 工作1—3年的职场新人简历参考

一寸证件照

| 👤 姓名 ×× | ✈ 出生年月（年龄） ×× |
| --- | --- |
| 👤 性别 ×× | 📍 目前所在地 ×× |
| 📞 联系电话 ×× | ✉ 邮箱 ×× |

### 教育背景

| ××大学 ××学历 | ××专业 | 毕业日期 |
| --- | --- | --- |
| 技能证书和获得奖项 | | |

### 自我评价

### 工作经历

| ××公司 | 工作起止日期 |
| --- | --- |
| 职位 | |
| 主要职责 | |
| 核心业绩 | |
| 项目经验 | |

| ××项目 | 项目时间 |
| --- | --- |
| 项目介绍 | |
| 项目职责 | |
| 项目业绩 | |

## 第四课
## 面试的主动性

**划重点**

我们身边很多职场朋友都分享过他们主动求职的经历，越是优秀的职场朋友主动性越高，发展也越好。"能力匹配度＋热情度"是一个职位招聘的核心要素。你要尽自己所能主动展现你对职位的热爱，积极完成面试官交代的作业和任务，在时间上积极配合面试的后续安排。

你好，我是Amy老师。

上节课我们讲完了如何准备一份优秀的简历，今天来讲面试的主动性。

主动是面试的灵魂。谁能掌握主动权，谁就能主宰整个战场。主动体现在三个环节：面试前、面试中和面试后。

## ▶ 面试前积极主动地准备 ◀

面试前你可以积极主动地准备，主动地拓展各种线上线下渠道去创造面试的机会，主动盘活人脉资源去帮你推荐，主动投递简历到心仪企业的人力资源部邮箱……你甚至可以主动创造机会去认识心仪企业的人力资源部门或者业务部门的负责人。我们身边很多职场朋友都分享过他们主动求职的经历，越是优秀的职场朋友主动性越高，发展也越好。有的甚至直接按公司地址去陌生拜访，前提是他们已经充分了解了公司岗位的需求，对自己也充满信心，并做了充足的面试准备。

## ▶ 面试中的精神面貌 ◀

面试中的主动性，核心表现是你的精、气、神。抖擞精神的一言一行是加分项，无精打采的精神面貌就是减分项。自信自然是加分项，妄自菲薄是减分项。言简意赅是加分项，啰啰唆唆是减分项。主动性的态度是去传达："我可以的！没有完美的求职者！"当你积极主动的光芒投射到面试官身上时，他会被你的热情感染！"能力匹配度＋热情度"是一个职位招聘的核心要素。你要尽自己所能主动展现你对职位的热爱，但是注意不要装腔作势，虚假的热情会让你的印象分大打折扣。

## ▶ 面试后积极配合 ◀

面试后的主动是积极完成面试官交代的作业和任务，在时间上积极配合面试的后续安排。需要提醒一下，面试是一个系统工程。千万不要因为一两次的面试失败而心灰意冷，要和人力资源圈保持联系。有时一个匹配的职位当下并未出现，但是好人缘、好印象会给你创造未来的好机会。面试是一个过程，并不是结束。

## 第五课
## 面试七要素

面试有七个要素。第一，面试需要有战略视角，不是一两次面试失败就结束的。第二，注意面试中语言表达的准确性。第三，注意面试中的逻辑表达。第四，为极端场景做好后备方案。第五，面试如下棋。我们为了周全，宁可多用"本手"，也不要过多下"妙手"。"本手"是你面试立于不败之地的根基。第六，用平等的姿态去面试。第七，注意面试的氛围感。面试的过程基本上都是陌生人之间的交流和沟通，如何迅速建立良好的氛围是每一位职场人都需要精心研究的功课。

你好，我是 Amy 老师。

今天要和大家分享面试的七要素。

## ▶ 第一个要素，面试需要有战略视角 ◀

具体来讲，战略视角是基于长期主义的视角去看面试，用长远的眼光去看问题。战略的核心是不要只在乎一城一池的得失。面试是一个庞大的工程，不是一两次面试失败就结束的闪电战。给大家分享一个小故事：

> 我们的一位求职者面试的时候因为竞争者比他更匹配而落选了，但是由于他面试时落落大方、不厌其烦地和面试官分享行业的趋势和最新动态而给面试官留下了好印象。不久，一个更匹配他的新职位出现，面试官第一时间就联系了他。

这就是面试中"输了职位，赢了人心"的故事。类似的故事举不胜举。人力资源是个圈子，大家经常在各种人力群里互相交换招聘信息，面试中除了岗位应聘，更重要的是印象管理。

给面试官留一个好印象，受益无穷！

## ▶ 第二个要素，面试中语言表达的准确性 ◀

"准确"这个在我们看来平常的词语，其实在面试中并没有那么容易做到。面试是一场考试，不仅仅需要你对答流畅，同时需要传达出你的态度是认真的、严谨的、有备而来的。如果你反复出现口误或者是需要时间临场思考问题，会给面试官一种你有点敷衍了事、在应付的感觉。这是非常糟糕的！如果你自己都不重视面试，面试官更不会重视了！不管你有多优秀，你敷衍的态度都会让你面试分减半甚至直接被pass（淘汰）掉。不要期待面试超常发挥，先做好最基础的准备功课——准确的表达。

## ▶ 第三个要素，面试中的逻辑表达能力 ◀

麦肯锡公司经过调研发现，2015年之后，企业最看重的能力从执行力变成创造性解决问题的能力。世界经济论坛把解决复杂问题的能力列为十大职业技能之首。解决复杂问题的能力体现在你能系统化思考、结构化思考，逻辑清晰地表达出你想表达的观点。面试不是简单地聊天，看似聊天的面试背后都暗藏玄机。面试官对每一个问题都是有所期待的。

回答逻辑清晰的第一个重点是明白面试官要问什么。比如说，面试官经常会问的一个问题是："你希望和怎么样的直线老板共事？"表面上看，这个问题是了解你对老板的期望，实际上面试官是想了解你如何看待上下级关系。你如果描述的是你期望的理想老板的画像，那代表你还不够成熟，对这个问题看得不够深刻。明智的做法是表达你希望快速融入团队，直线老板肯定有过人之处才会坐到现在的位置。无论什么性格的老板，自己都会见贤思齐，主动适应新环境、新老板，积极热情地配合他的工作。

逻辑清晰的重点之二是抓住主线。主线就是重点强调你匹配岗位的能力，你的每一个故事、每一个案例、每一个动机背后都是为匹配这个岗位服务的。不要跑题，不要浪费宝贵的面试时间。

逻辑清晰最后要强调的一点是结构化的表达。这是最保险也最常用的表达方法。结构化的表达里面最有效的沟通方式是金字塔结构，先提出总的观点，然后再表述具体细节。这样能让面试官快速抓住重点，进而再顺着你的框架理解你所表达的内容。

Amy老师要强调一下，金字塔结构表达包括三个要点：一是结论先行，二是同类内容放在一起表达，三是放在一起的内容要按照一定的逻辑顺序排列。记住，每一次关键表达都要准备一个表达金字塔。

平时多训练自己的逻辑思维，面试的时候就能从容应对，临阵不慌了！

## ▶ 第四个要素，面试的极端场景预设 ◀

面试是有主观性、偶然性和不确定性的。哪怕你准备得再周全，还是会有很多突发状况出现。面对极端场景我们该怎么办？首先你要预设所有能想到的极端场景，做好两手准备。比如女性面试者可以准备好备用面试服饰和补妆物品，尤其是容易弄皱、弄脏的浅色衣物以及夏天的丝袜。还有就是一些其他的极端场景的应对。我和团队因为多年从事人力资源工作，求职者面试中发生什么情况我们都遇到过。和大家分享一个极端案例：

复试的当天，求职者不见了。我们和客户都联系不上她，这让我们诧异不已。我们甚至给她的邮箱发邮件，依然联系不上她。直到当天晚上，她联系到我，说手机丢了。她一开始到处找，找不到，只好买新手机，一直到晚上各份好云端信息才联系到我，让我们赶紧给面试方道歉。

这个小故事告诉我们，以后一定要把关键电话记录在手抄的、可以随身携带的笔记本上。面试前一定要把面试地址和面试公司的电话手写在随身带的笔记本上。哪怕手机没电了、丢了或者忘记在家里或其他地方，都不会措手不及。如果当时她记录了电话，第一时间告诉我们突发状况，客户和我们也不会着急万分了。

再比如面试中初试顺利通过，立刻开始复试的，被试者也不用过于紧张，平常心面对是上策。还有比较容易遇到的极端场景是，面试中被问到不会的、不擅长的问题。与其装腔作势地说个一二，不如真诚地表达这个技能你真的不擅长，但是如果公司需要，你可以通过学习快速提升这项技能。公司招聘的岗位说明书都是写得比较完美的，招聘单位也期望招聘各个方面都比较匹配的求职者，但事实是，大家都心知肚明，完美的求职者不存在，只能抓大放小。找到这个招聘时间点里最匹配的一位，是用人单位切合实际的做法。你只要强调你匹配岗位的优势就好了。真实好过完美！

## ▶ 第五个要素，面试如下棋 ◀

同学们可能也听说了，有一个高考作文题是以围棋术语"本手、妙手、俗手"为话题，写一篇文章。高考题的原文材料是这样的："'本手、妙手、俗手'是围棋的三个术语。本手是指合乎棋理的正规下法；妙手是指出人意料的精妙下法；俗手是指貌似合理，而从全局看通常会受损的下法。对于初学者而言，应该从本手开始，本手的功夫扎实了，棋力才会提高。一些初学者热衷于追求妙手，而忽视更为常用的本手。本手是基础，妙手是创造。一般来说，对本手理解深刻，才可能出现妙手；否则，难免下出俗手，水平也不易提升。"棋如人生，棋也如面试。面试是我们和面试官下的唯一一盘棋。在有限的时间里面，我们为了周全，宁可多用"本手"，也不要过多下"妙手"。"本手"是你面试立于不败之地的根基。在没有十足的把握之前千万不要冒险。送给同学们四个字："不得贪胜。"这四个字，出自《围棋十诀》中的第一条，也是统领其余九条的最高纲领。言下之意是，越是对胜利存有贪念，越是得不到胜利。人在贪图胜利的时候就会格外不冷静，就会慌张，一慌则乱！什么时候可以剑走偏锋呢？是当你胸有成竹，面试官饶有兴趣，有额外时间的时候。有创新的想法并对项目了然于心的时候，你可以择机分享。

## ▶ 第六个要素，面试姿态的把握 ◀

通常，面试有三种姿态，高姿态、平姿态、低姿态。大多数职场朋友都能保持心平气和的心态去面试，但是部分职场朋友的心态需要调整一下，比如高姿态。不要把自己过往的学业辉煌，或者明星公司的经历看得太重，要用清零的心态去面对过往。当你踏进面试单位的那一刻，接下来的就是一个平等的双向选择。千万不要因为一点傲慢丢失了一个好的工作机会。傲慢是无知的表现。相反，你尽可能地表现你的谦逊和礼貌，会快速增加面试官对你的好感。还有一种是低姿态。不管内心多么渴望，多么向往，多么在乎，你的姿态一定要拿住了，一定要时刻保持不卑不亢！如果你表现出有点卑微的姿态，只会减分，不会加分。一来面试官会质疑你的能力和自信度；二来这会让面试官非常尴尬；三来即便面试通过，到了面试后期的谈薪阶段，你也丧失了主动权。自信坦然地面试，要培养一种自信的心态，那就是"不聘用我是你们的损失"，自信会带来更多的信任！卑微只会让你越来越卑微！

## ▶ 第七个要素，面试的氛围感 ◀

分享一个故事：

> Amy老师因为要招聘一个高管而和一位客户相识。他的一个细节让Amy老师印象深刻，他会细心询问面试要交流的每一个人的称呼，甚至面试时来接待他的同事的称呼，然后认真地记在笔记本上。在工作中，他会用心记住每一位交往人的名字，特别是每一位下属的名字。在他看来，记住交往人的名字是一个与他人建立良好关系的开始。在面试的场合，他会主动和他人打招呼，当他能脱口而出称呼他人的时候，给人的印象是他尊重每一个他遇见的人。

卡耐基在《人性的弱点》一书中说："人对自己的名字比对

地球上所有名字的总和还要感兴趣。"铭记别人的名字，并能很轻易地叫出来，等于给人一个巧妙而又有效的赞美。面试的过程基本上都是陌生人之间的交流和沟通，如何迅速建立良好的氛围是每一位职场人都需要精心研究的功课。当你能把交往对象的名字和称呼记在心中，挂在嘴边，其实你是送出了一份尊重对方的礼物。礼物的名字是：你很重要！

记住面试官的称呼很重要，面试的整个过程轻松自然也很重要！如果你很紧张，紧张的气场也会传染给面试官，让整个面试冷冰冰的。

你要主动地创造友好、轻松、自然的氛围，偶尔也可以幽默一下，让面试官笑一笑！我们都是凡人，都不会轻易忘掉一位让我们产生美好情感体验的陌生人。如果幽默不是你的强项，你要记住的是，不要输出任何负能量的话语，尽可能正向表达你的所有观点。没有人愿意和满嘴负能量的人相处，哪怕你的专业能力再强，倘若你的负能量满满，面试官都会选择果断放弃！

面试的七要素，你学会了吗？

面试七要素

1 一次失败不要紧

2 不要有太多口误

3 表达尽量用"金字塔"结构

4 多想想"万一",做好预案

5 没把握就不要冒险

6 平等对待面试官

7 用松弛的心态去面试

## 第六课
## 面试的七个微习惯

**划重点**

倾听是世界上最动听的语言。你不但要认真倾听语言信息，所有的非语言信息也一定要积极倾听。理解问题背后的问题、问题背后的逻辑。当我们踏进面试企业的时候，我们要发自内心地尊重每一个遇见的人。肢体语言看似无言，有时候甚至比语言更重要。

要成为可靠的人，人们需要拥有两项品质：热忱、能力。选择你热爱的，热爱你的选择！

心理学家知道，人都是厌恶"认知失调"的，一旦你内心认同了一种身份，你就自然而然会按照这个身份

**划重点**

的要求来行事，进入"自动执行"的轨道。面试的时候一定要时刻提醒自己面试者的身份。面试结束后，你要认真写一份面试总结。

你好，我是Amy老师。

今天我们来谈谈面试的七个微习惯。在竞争激烈的职场面前，尽早培养自己面试的七个微习惯，这能让我们在面试中游刃有余。

### ▶ 倾听的习惯 ◀

倾听是世界上最动听的语言。很多面试失败的案例都是因为面试者答非所问，关键就在于面试者没有听到真正有效的信息。许多面试官和你的闲聊，实际上都暗藏玄机。面试官的时间感是紧迫的，他们需要在短短的一两个小时内全面地了解你。如果你只是想到哪里说到哪里或者随意地和面试官聊天，都不是明智之举。具体的面试案例后面的课程会详细地和大家探讨，这里 Amy 老师想提醒的是，你不但要认真倾听语言信息，所有的非语言信息也一定要积极倾听。要在短暂的时间内理解面试官询问问题的动机，理解问题背后的问题、问题背后的逻辑。正如格式塔治疗运动的创始人弗里茨·珀尔斯（Fritz Perls）所说："这个世界的图像并不是自动进入我们的大脑的，而是有选择的。我们不是在看，而是在寻觅着什么。"我们每个人都应该高度重视倾听的重要性，努力提高自身的倾听技巧，学会做一个出色的倾听者。具体来讲，就是带着理解和尊重积极主动地倾听，注入感情的倾听方式有利于引起讲话者的心理共鸣，在形成良好的人际关系方面起着举足轻重的作用。

### ▶ 尊重的习惯 ◀

当我们踏进面试企业的第一步时，我们的一言一行都要保持有礼貌，有风度。不管是前台的接待，还是打扫卫生的清洁工，我们要发自内心地尊重每一个遇见的人。部分职场朋友对 HR 的态度不够重视，有的甚至轻视与 HR 的沟通。殊不知，HR 会成为你了解企业最好的、最合适的、最快捷的一个窗口。原因有三点。

其一，HR 可以告诉你市面上你所不知道的企业信息，诸如直线老板的背景和性格特质，岗位前任的离职原因，新业务的战略和目前的进程，等等。

其二，HR，特别是HRD（人力资源总监）在很多公司都是老板的心腹，或者说，老板对他们的信任度会比较高，他们的评价对老板的影响力不容忽视。因此，应调整心态，遵守公司的流程，不卑不亢地和HR沟通、交流。HR是你求职成功宝贵的资源。

其三，你对HR的尊重程度和职业态度在很大程度上传递出你真实的、综合的职业素养。

## ▶ 恰如其分的肢体语言 ◀

我们每天都在面试千差万别的求职者，经常发现求职者有一些不好的肢体语言，这会让我和同事们对他的印象分大打折扣。肢体语言看似无言，有时候甚至比语言更重要。因为恰如其分的肢体语言可以增强你的表达力和说服力，同时也可以为你赢得更多的信任和好感。哪些细节可以迅速提升肢体语言的表达呢？分享七个核心点。第一点，笑容。笑容是最美的语言。在面试中，适时地展现微笑可以增强自信和亲和力，提供很好的情绪价值。第二点，眼神交流。眼睛是心灵的一扇窗。面试的时候与面试官经常进行眼神交流，展示出自信和专业的态度，可以表达出对面试的重视。第三点，姿态。保持自然的体态和坐姿，避免过度活动，比如抖腿、跷二郎腿。要用开放型的肢体语言表现出自信和专业的姿态。第四点，恰当的手势。使用恰当的手势可以帮助你更好地表达自己，强调重点和观点，但是切记不要眉飞色舞，手舞足蹈。第五点，自信的声音。声音是一个大大的加分项，特别是电话面试的时候，自信的声音会让面试官耳朵一亮。面试的时候你要注意声音的音量、语速和语调，以清晰干净的面试气场去表达自己的想法和观点。第六点，姿态和面部表情的统一，随时保持面部表情自然真实，不要过分夸张或者过于冷漠，语言的表达如果饱满，而表情是无动于衷的，会给面试官非常负面的感受，感觉你是在背台词，在演戏，而不是发自内心地渴望。第七点，也是大家经常忽略的一点，就是通过肢体语言的模仿和求同，制造和面试官气场相近的氛围感。如果面试官声音是比较低沉的，你说话就不要太高声高调；如果面试官的肢体语言比较正统，你就不要过于随意；如果面试官的态度是比较随和的，你就不要太拘谨。多数面试官都偏好和自己相近的人，因为你和他相近，也代表你对他服务的企业的认同。

## ▶ 松弛但不松懈的习惯 ◀

先听听职场朋友的声音：

"放心吧，我经常面试，面试对我没问题！"

"他们公司我很了解，我不用准备啦！"

"我是'面霸'，面试从来不失手！"

对于抱持这样态度的职场朋友，我往往会更担心。解决问题的前提是高度重视问题。一两个小时的面试，可能是相见恨晚、惺惺相惜的情场，也可能是风驰电掣、刀光剑影的战场。最大的可能是看似谈笑风生的沟通中都是求职者和面试官之间十八般武艺切磋较量。面试官们、直线老板们基本都是久经沙场、阅人无数的。如何彰显你的实力，点滴细节都需要重视。你在面试准备环节要重点思考三个问题：企业需要这个职位做什么，我能做什么，企业能给我带来什么。有三个关键点：第一，对方要什么就给什么；第二，突出自己的与众不同；第三，语言言简意赅，一语中的。

## ▶ 热忱分享的习惯 ◀

　　面试是包罗万象的。能不能在短短几个小时的时间里得到面试官对你价值观和能力的认可，让面试官认为你值得信任，是面试成败的关键。通俗地讲，就是要让面试官认为你是个靠谱的求职者。这个课题很有趣。我们后面会有大量真实面试案例的详细分析和探讨。获得信任绝非易事，我们如何做到呢？正如哈佛大学社会心理学家艾米·卡迪（Amy Cuddy）的研究所显示的，要成为可靠的人，人们需要拥有两项品质：热忱、能力。能力是你多年经验的累积，不难分享；关键是热忱，除非你真正热爱你从事的行业，否则任何技巧都是徒劳的。面试技巧层面的问题可以通过案例的学习得到解决，但是热情的态度需要发自内心的热爱。明智的做法是，当你无法全身心地热爱即将面试的这份工作的时候，你要时刻提醒自己：选择你热爱的，热爱你的选择！

## ▶ 面试者身份认同的习惯 ◀

我们经常遇到一些职场朋友在面试中表现得咄咄逼人，甚至像面试官一样和企业方沟通，明明是考生，活生生地把自己变成考官！不管你有多优秀，多胜任这个岗位，不管面试企业对你有多欣赏，多渴望，时刻都要保持面试者该有的身份认同和不卑不亢的谦逊态度。

《掌控习惯》是一本关于习惯的经典书，这本书教给我们一个心理层面的方法：想要建立一个好习惯，或者改掉一个坏习惯，不要只盯住结果，而要盯住身份。通过改变身份认同来改变行为方式，能起到事半功倍的效果。书里分享了一个案例：

> 有两个正在戒烟的人，别人给他们一人递了一支香烟。第一个人回答说："不用了，谢谢，我正在戒烟。"而第二个人回答说："不，谢谢，我不抽烟了。"

试想一下，这两个人，哪位戒烟成功的可能性更大？答案是第二个人。原因是第一个人回答"我正在戒烟"，说明他在心底里仍然认为自己是烟民，只不过是"正在戒烟"的烟民。而第二个人回答"我不抽烟了"，说明他在内心已经完成了身份的转变，"烟民"成为过去式，现在他是一个不抽烟的人。所以说，想戒掉坏习惯，要先从改变旧身份开始；反过来，想要建立好习惯，要先从建立新身份开始。比如，你想养成每天阅读的习惯，首先不是制订完成多少本书的阅读计划，而是先确信自己是一个读者。想要养成每天跑步的习惯，不是每天规定跑几公里，而是先确信自己是一个跑步者。心理学家知道，人都是厌恶"认知失调"的，一旦你内心认同了一种身份，你就自然而然会按照这个身份的要求来行事，进入"自动执行"的轨道。面试的时候一定要时刻提醒自己面试者的身份。当你踏进面试企业的大门时，其他的身份暂时清零，你的内心要进入面试者的角色。如果你实在不习惯，就把自己当成一个临时演员，让自己的状态进入一个面试者的角色。特别是对于一些之前一直在甲方企业工作，高频和乙方沟通的人，工作模式一定要暂时休眠，切换到一个面试者的角色，心里暗暗对自己说一句话："我是来找工作的，不是来找碴的！"

## ▸面试总结的习惯◂

大部分求职者面试完了就算了，这样敷衍的态度不可取。如果面试成功了，可以到谈offer（录用）阶段，这部分内容我们可以在以后的课程里详细探讨。如果面试不顺利，你会怎么做呢？建议你最起码要做到三点：

第一，和所有在面试环节中帮助过你的人建立长期连接。面试不顺利并不代表结束，只能说当前的工作机会和你不是特别匹配。你可以给人力资源或者推荐你的猎头，又或者帮助过你的朋友发个微信，简单地表示感谢对方分享这次机会，并表示未来如果有合适的机会，请他们多多推荐！职场是一场马拉松长跑，一次短跑的失利并不能定乾坤！和人力资源或者猎头顾问建立一个长期良好的互动关系非常重要！他们每一天都在接触各种各样的市场招聘信息，他们是你持续获得一手信息的源泉！谁知道下一个机会会不会就在明天呢？

第二，认真写一份面试总结。不要小看一次面试，应把面试当成一次难得的自我成长机会。认真、系统、深刻反思面试的全过程，会让你看清现实，更理性、更务实、更客观地分析自己的现状和市场就业行情。比如发现自己英文口语的短板严重影响你获得心仪的职位，那你就要集中精力，猛攻、强攻自己的短板，让自己在下一个机会到来之时不会和机会失之交臂。又比如当你发现自己和理想工作单位的要求差距很大，短期内无法达到要求，如学历背景，或一些技术资格证书和职业资格证书的硬性要求，这时就要调整自己的心态，用长期主义的视角看待理想工作。如果家庭经济状况不是很宽裕，权宜之计是先找一个谋生的工作，利用业余时间不断提升自己，把期望在一个月内找到理想工作的目标拉长时间轴，用一年甚至两三年的时间去实现。跑得慢点没关系，只要你在正确的跑道上跑！有时候慢就是快。慢一点会让你更从容，更淡定，更有底气！

第三，持续关注自己行业的人才市场动态。具体做法就是在各大招聘网站搜索自己目标职位的需求，看看哪些公司在招聘，哪些地域在招聘，职位薪酬的动态变化，等等。要用商业逻辑的视角去审视自己作为商业化产品，有哪些机会需要尽快捕捉，哪些硬件或者软件需要不断强化和优化。相较于绝对优势提高的难度而言，提高自己的比较优势是一个快速提升自己职场竞争力的捷径。通俗来讲，我们很难做到第一，但是我们可以通过差异化竞争策略提高自己的比较优势，让自己成为行业的稀缺人才。

七个微习惯

1 学会倾听，听话外音

2 尊重所有在面试环节遇见的人

3 恰当的肢体语言更加分

4 要重视面试

5 面试时充满热情

6 时刻提醒自己面试者身份

7 面试完认真总结

# 第七课
## 面试的六个思维

**划重点**

　　面试是一个系统工程。我们的思维需要快速转换，从单纯的学生思维转换成职场思维。

　　你要换成面试官的角度去审视自己，换成面试的竞争者的角度去审视自己。从企业老板或者企业决策层的角度去审视自己。面试不要在乎一城一池的得失，而需要高屋建瓴地看全局。

　　系统思维是Amy老师认为最重要的思维，是每个人一生幸福指数的保障！面试的系统思维有三部分：第一部分是面试的目标。第二部分是面试官。你和关键人物建立连接就是第三个部分。

**划重点**

　　如何凸显自己的独特价值，让自己的价值高于市场价格，让企业方感觉到你的稀缺性、独特性和性价比，是每一位职场人的必修课。价值思维的核心是不要过于关注结果，而要把更多的精力放在过程的体验和成长中！合作思维是职场成长的加速器。

你好，我是Amy老师。

这一堂课我们聊聊面试的六个思维。

你的思维能力决定你的职场高度。面试是一个系统工程。Amy老师提炼了面试的六个思维给同学们，可以运用在面试的全过程中，也可以运用在职场生活每一个细节的精雕细琢中！

▶ 职场思维 ◀

当我们把学位帽抛上天空，往大学的绿草坪上轻松一跃时，在拍毕业照的摄影师按下快门的那一刻，我们就开启了一个新身份——职场人。从单纯的校园到复杂的职场看起来只是一墙之隔，但是我们的思维需要快速转换，从单纯的学生思维转换成职场思维。《孙子兵法》中制胜之道的基础是知彼知己，即"知彼知己，胜乃不殆；知天知地，胜乃不穷"。知彼不仅仅是了解面试的公司，更重要的是快速熟悉职场的宏观环境和微观环境，熟稔职场发展的客观规律。是否拥有职场思维关系到你的职场发展是风生水起还是状况百出。Amy 老师面试过数以千计初入职场的学生，关于职场思维，有两个关键点需要重点优化和改变。

第一点，过度自信。过度自信是部分优秀毕业生，特别是名校毕业生的通病。

> 《任正非正传》一书里记录了这样一个故事：华为一个新员工，是名校毕业生。刚到华为时，针对公司的经营战略问题，洋洋洒洒写了一封"万言书"给任正非。原本以为自己独到的见地能够打动领导，但结果任正非批复："此人如果有精神病，建议送医院治疗；如果没病，建议辞退。"

对于职场新人来说，从理论到实践还有很长的路要走，单纯的理论离开了具体客观的环境，在复杂世界的人对事物的理解和感知面前基本上都是一纸空谈。在面试的场景下，一定要表现得虚心。对自我的客观认知是面试官重点考察的一个维度。成功的第一条件是虚心，不仅仅是言语表达要虚心，你的一举一动，你的一眼一神都要虚心。在能慧眼识珠的面试官面前，表演出来的虚心和发自内心的虚心天差地别。

第二点，我们着重来谈谈，别把交方案当成交作业。

> 《闪闪发光的你》第二季节目中的第一集，实习生们接到了一个在投行中比较基础但是极其重要的工作："更新招股书。"尽管他们加班到凌晨，在交付给领导的时候还是错误频出。

他们对职场的认知需要提升的一个核心点是错把交方案当成了交作业，尤其是类似招股说明书这样的文件。在严苛的要求面前，要么是100分，要么就不及格。作业错了老师可以帮你改，方案错了有时不仅仅是丢了一份工作，还可能给公司带来巨额损失！职场不相信眼泪！结果的重要性远大于过程的努力和付出。

学生交作业有老师指导，有老师批改，老师是服务者。但是职场交方案是给企业创造价值，给客户创造价值。你是服务者。角色的转变代表你需要对底线负责，对客户负责，对业绩负责。商场如战场。一个疏忽可能会造成满盘皆输！所以要严格训练你的专业技能，提升职场战斗力。

孙子主张严格练兵，提高战斗力。《孙子兵法》把"士卒孰练"列作重要的制胜因素，将这一点提高到战略高度来认知。我们作为职场人士要有随时把自己当成第一责任人的心态，不要等着企业培训，等着领导教，总想着公司会兜底，老板会兜底，直线领导会兜底。通俗地讲要有自己兜底的心态，专业的说法是底线思维，主动快速提升自己的专业技能去适应竞争激烈的职场。企业经常会在面试中给求职者布置一些书面任务和方案让他们完成，这是面试的一部分，作为职场新人一定要认真对待。有三个要点，大家要把握住：一是时间维度。要按时或者提前完成。二是成熟度。上交的一定是一份完整、完全、完备的方案。三是审美上有一定完成度，要尽量创造令人赏心悦目的感觉。我们经常看到有的职场新人，方案内容很不错，但是呈现的方式比较潦草或者过于刻板。面试胜在细节。我们一定要在细节上下足功夫。

## ▶ 换位思维 ◀

> 初入职场的张三面试屡屡不顺，他和好朋友抱怨说："我把每一次面试都当成考试，每一次面试都是把自己当成考生来准备的。"

把自己当成考生的思维正确吗？态度上有可取之处，但是行动上过于被动。更好的方式是把面试官当成客户来对待。广告公司有一句口头禅：没有好客户和坏客户，只有好关系和坏关系。

提高面试成功率的一个核心是换位思维。《孙子兵法》的知彼知己，不仅仅是知彼的形，还需要知彼的意。对方的思想决定了对方的行动。换位思考换成哪个角度呢？至少换成三个角色去思考。

首先，你要换成面试官的角度去审视自己。分享Amy老师个人的经历：

　　当我第一次从应聘者的身份变成面试官身份面试下属的时候，我发现我的思维发生了变化，原来总是考虑企业能给我带来什么价值，变成面试官之后我会首先考虑面试者能给企业带来哪些价值。当你从面试官的角度分析自己的时候，你会快速提炼自己的优势，也能快速发现自己的不足。最重要的一点是，你可以以自问自答的方式找出自己与岗位相匹配的要点。

　　前面的简历撰写课程中，我们重点强调"匹配"两个字，面试的时候我们也要把"匹配"两个字植入面试的全过程。面试官总是希望找到与岗位要求最匹配的求职者，而作为面试者，我们需要用关键词、关键案例、关键业绩不断强化自己的匹配度。

　　其次，你要换成面试的竞争者的角度去审视自己。当你换位成自己的竞争者时，你会第一时间找出自己的比较优势，你会本能地思考自己如何在众多的竞争者里面脱颖而出。我的哪些优势可以重点突出？哪些优势在竞争者的经历里面是稀缺的？物以稀为贵！稀缺价值是你的加分项！是你把竞争者甩在身后的一个秘密武器！

最后你要换位思考，从企业老板或者企业决策层的角度去审视自己。或许有同学认为我只是应聘一个岗位，为什么还要从企业方的角度去思考这个职位呢？这是让同学们学会从战略层面、系统层面看问题。当你以企业方的宏观视角去看这个岗位的时候，你会发现很多平时忽视掉的信息，比如这个岗位属于企业的核心部门吗？是核心部门的核心岗位吗？这个岗位未来的发展方向、市场需求，在公司的升职加薪的走向脉络如何？这个岗位的同事和直线老板大概的背景是什么样的？这个岗位对公司产生利润的价值大不大？这个岗位最高能做到什么位置？收入大概情况是什么样的？岗位所在部门是利润中心还是成本中心？岗位服务的客户是哪些？客户在市场的美誉度和影响力如何？当你站在企业方的视角系统地分析一个岗位的时候，你会对这个岗位的前世今生更加了然于心。

## ▶ 乐观思维 ◀

分享一个小故事给同学们：

> 　　我们曾经推荐过的一位优秀求职者，在面试后得知结果不理想时不但没有任何抱怨，反而主动通过电话和微信给人力资源面试官分享他通过面试了解的企业项目的拓展思路，这一点让面试官对他刮目相看！当另外一位求职者因为其他原因没有入职的时候，面试官马上联系到他，诚邀他加入！

　　求职者本来没有希望拿到offer，因为面试后主动分享的好印象而给自己创造了新的工作机会！

　　相反，我们也遇到过某些求职者，因为面试失利后表现的负面情绪而令自己的求职路雪上加霜。人力资源和猎头顾问的职位是不断更新的，当了解到求职者情绪管理能力比较差的时候，他们基本上会把求职者拉入黑名单！

　　乐观是照亮你前行的灯塔，乐观也是你一生的护身符。我们要给面试失利的朋友真诚的鼓励，但面试失利的痛是需要独自面对的。千辛万苦的准备变成了一场空，确实是一种不可名状的痛！可以允许自己短痛一下，哭一场，不能让自己沉浸在抱怨的苦海，长痛是一种宣告无能的痛！

　　塞翁失马的故事，同学们都是耳熟能详的，面试是一个系统工程，不要在乎一城一池的得失，而需要高屋建瓴地看全局。

身在竞争激烈的职场，我们要学习《孙子兵法》里面的一句经典的话："以迂为直，以患为利。"化弯路为直路，化不利为有利！面试遇到不能化解的危机，不要沉浸在自我否定的泥潭里，"危机"两个字，有危也有机！危机之间、迂直之间、患利之间需要辩证地对待，不同的处理方式方法带来不同的结果，危机是可以努力转化成转机的！学会时刻隐藏受伤的手指，特别是面试不顺后的心态要快速调整过来。这是职场新人经常忽视的一点。不要小看面试后的态度，这也是面试官考察你的一个重要因素。情绪稳定是职场人必备的职业素养。哪怕你内心翻江倒海，你在面试后的各种场合也要保持从容淡定。输了面试，不能输了风度。况且面试哪有真正的输赢？当企业方没有选中你的时候并不代表都是坏事，很可能是还有更好的机会在等你，或者说这家企业根本就不适合你，有更加匹配你综合能力的企业在等你。面试只是一个过程，不是一个结果，乐观地应对每一次面试，会让你走得更稳健，更潇洒，更风光！

## ▶ 系统思维 ◀

　　系统思维是 Amy 老师认为最重要的思维，是每个人一生幸福指数的保障！但是我们发现系统思维也是职场人，特别是职场新人经常忽视的思维方式。如果这堂课其他五个思维你都驾轻就熟，请花几分钟时间认真听听，Amy 老师和你一起探讨系统思维，会令你终身受益！

> 什么是系统呢？系统是一组相互连接的事物，在一定时间内，以特定的行为模式相互影响的整体。一个系统包括三个部分：要素、连接和功能或者目标。

职场中，我们经常看到类似的现象：面试成功了，顺利入职了一家公司，但是依然感觉很迷茫；或者频繁地换工作，但是每一份工作都是在重复自己，找不到明确的方向；又或者是能力很强，面试却是频频碰壁。这些现象背后都折射出系统思维的缺失。

面试不能孤立看成一件事，面试是为你的人生战略服务的！当你确定了你的人生战略的时候，你的面试地图就跃然纸上。

面试的地图有三部分：第一部分是面试的目标。面试目标是你人生目标中的小目标，是人生一个阶段性发展的目标，目标可以是一个，也可以是几个，职场新人一定不要给自己过度设限，适合你发展的企业不是唯一的，是一类企业或者事业单位。目标的选择除了考虑专业，还要考虑大环境的特定发展趋势。多关注国家级别的经济发展规划，你家乡的经济发展规划，还有你心仪城市的经济发展规划，顺势而为。第二部分是关键要素。面试的关键要素有哪些呢？面试官是面试地图里面你要重点攻破的难点。面试过程中的关键人物是你关心的重中之重。你和关键人物建立连接就是第三个部分。连接有很多方式。尽可能地多参加面试，把握每一个面试机会是一种方式，这样除了可以提升你面试的"手感"，同时也可以加大面试成功的机会。还有就是，可以尝试和心仪企业的关键人物创造连接的机缘。比如参加一些行业大会和专家讲座，去靠近、接触、认识你心仪企业的关键人物。主动出击一直是面试成功的加分项。这个世界一直在奖励主动积极躬身入局的人们。还有一个连接的方式就是"曲线救国"，你可能一时无法一步到位，进入你心仪的企业，但你可以尝试进入心仪企业服务的客户企业，或者心仪企业的关联企业。先进入心仪企业的外围，再找机会攻入城池！

## ▶ 价值思维 ◀

在人才市场上，每个人都有商业化产品的属性。如何凸显自己的独特价值，让自己的价值高于市场价格，让企业方感觉到你的稀缺性、独特性和性价比，是每一位职场人的必修课。价值思维在面试现场中，在薪酬谈判过程中，在职场工作几年，涨薪困难，需要争取更高薪酬时，或者在和一堆竞争者竞争一个稀缺职位的关键时刻都发挥着不可估量的作用。

　　我们接触到的职场新人的一个常见共性就是轻易放弃。放弃了一个距离住处有点远的工作机会，放弃了一个受了委屈的工作职位，放弃了一个竞争激烈、结果渺茫的工作竞聘机会，等等。人的一生是由无数的必然和偶然构成的。也许一个不一样的选择，你会看到不同的风景，遇到不同的人，造就不同的偶然。意义非凡的事情往往是碰巧发生的。价值思维的核心是不要过于关注结果，而要把更多的精力放在过程的体验和成长中。生命的美好不仅仅在于我收获一个好职位，而是每一段旅程都丰盈了我的人生，体验生命的深度和广度是生命的源泉。

## ▶ 合作思维 ◀

　　张三平时总是爱说："这个项目都是我完成的。这个方案是我完成的。这个业绩是我超预期完成的。"三句话不离"我"字。"我"这个字充斥在他日常沟通的每一次交流中，也充斥在面试的全过程中。直到他在心仪的公司面试落选后，面试官语重心长地给他一个建议："你的其他表现都不错，但是你 team work（团队协作）方面还有待提高！"

合作思维是职场成长的加速器。《孙子兵法》有一句Amy老师很欣赏的话——"上下同欲者胜！"要在职场中、面试中游刃有余，一定要做到近他人欲，要理解他人的欲，懂得他人的欲，对他人的欲感同身受。合作思维会让你和大家的目标水到渠成。《左传》说："以欲从人则可，以人从欲鲜济。"让自己的欲望跟随大家的欲望，那样行事就容易成功；如果让大家的欲望跟着我个人的欲望走，则鲜少能够成功。无论你个人能力有多强，你都不能把自己活成一个孤岛，更不可以把自己说成所有业绩贡献的核心，哪怕你真的是核心贡献者，你也不能给人感觉全是你个人的功劳。尤其是职场新人，不管是面试还是新入职一家公司，每天出门都要把"合作"两个字刻在脑门上。为什么呢？因为不合作的个体在职场中没有生存优势，迟早会被淘汰出局。

如何在面试中表现合作呢？合作思维最快速的提升方法之一就是思维方式的转变，从"我"变成"我们"。面试的时候高频出现的词是"我们"，日常工作沟通的时候，高频沟通词也是"我们"。"我们"两个字的背后代表你愿意融入团队，你愿意分享你的成果，你也愿意承担团队的失利。有句俗话说得好——人在一起是团伙，心在一起是团队。你要时刻让你的心与团队同在。合作思维快速提升方法之二是画蓝图。要精心构建双方的美好前景和未来。要让双方都感觉未来比现在更重要，增强未来对人们行为的影响。这并不是空泛虚幻的理念，而是可操作的办法：一方面把合作的周期拉长，从一开始就把关系的持续性建立起来；同时，还要把这个大周期分解成若干可以高频互动的环节。长期的合作才能共赢！

面试的六个思维

1 转换成职场思维

2 学会换位思考（面试官、竞争者、未来老板）

3 适当乐观

4 根据人生目标系统规划职业生涯

5 凸显个人价值

6 有团队精神

## 第八课
## 面试演练

**划重点**

面试需要演练，演练不仅能降低面试时的紧张感，也能帮你提前熟悉面试全流程。

你好，我是Amy老师。

面试如战场，面试需要演练，一如战争前的演习。

在有限的时间里，模拟演练是个高效的方法，不仅能降低面试时的紧张感，也能提前熟悉面试全流程。你要认真细致地准备，尽可能在面试中做最好的自己。因为错过一个好的机会，可能就是不一样的人生了！关于角色扮演，你可以请家人、朋友帮忙，记住，镜子是可靠的朋友。对着镜子反复练习面试，同时用手机录下来，仔细观察视频中的自己肢体语言是否自信坦然，眼神是否坚定，语速是否适中，表达的内容是否掷地有声，发型是否合适，套装的颜色、款式是否与企业的文化氛围相匹配，是不是需要换身套装，皮鞋是否有灰尘，通勤的包是否与服装搭配。面对熟悉而又陌生的自己，你会有新发现。不要认为这是小题大做，或许求职成功最大的障碍仅仅只是你口腔里的大蒜味。面试可以彩排，人生没法彩排。大家可以经常看看真人秀的节目，通过观摩真人秀的表演来提高自己肢体语言的表达水平。众所周知，包括乔布斯在内的很多商业领袖都会精心准备和设计特殊场合的所有细节。

最后强调一下之前提到过的，要预设面试的极端场景，随机应变、从容应对。祝你有一场顺利的面试！

## 第九课　面试案例分享1
## 讲好好故事

### 划重点

　　讲一个好故事是打动面试官最好的方式。不要刻意追求故事的完美，要学会主动呈现故事的真实性，细微之处也会打动人心。你要从众多能打动人心的故事中提炼出故事重点。讲故事之前要有匹配的意识，让自己的故事和自己的特质高度匹配，讲重点突出的故事时要注重细节的表达。

你好，我是Amy老师。

今天我们开始分享新人的面试故事。

Lily 是一名海归，她在我曾经服务的集团公司面试的时候脱颖而出，最打动我们的不是她的学历、她的形象气质，而是她给我们分享的一个她的故事。整个面试过程中她看上去都是一副大家闺秀的气质，但是她声情并茂地说了和她形象反差很大的故事。那是她在英国留学的时候用空余时间打工的一段经历。她在一个定居在英国的以色列家庭里面做过一段时间保姆。她日常工作需要给全家人做饭，还需要给小朋友换尿布，喂奶，哄小朋友睡觉。这一家人对细节要求很高，开始的时候她经常因为犯各种小错误被批评，对卫生打扫有苛刻要求的一家人还要求她每天必须把马桶清洁到一尘不染。虽然工作很辛苦，也特别有挑战性，并且其间她还要不停地学做多种多样的西餐，但她都咬牙坚持了下来。

她总结自己能坚持下来背后的原因之一是，她是儿童心理学专业方向的硕士，她需要有儿童教育的实践经验，以色列家庭教育在她看来有很多值得学习的地方，她把这个工作机会当成学习成长的机会。原因之二是她希望培养自己的抗压能力，不要因为受到一点挫折就轻易放弃。原因之三，她也希望能攒一些钱，让自己有更多可支配的旅游基金，可以去更多的国家旅游，开阔眼界。

这个故事让我们人力资源部门和业务部门所有同事对她刮目相看。主要是她人际沟通能力强，特别是讲故事的能力很突出。她用牙刷清洗马桶的细节让我们暗暗佩服她的吃苦精神。虽然和她竞争这个岗位的人数众多，甚至还有拥有博士学位的求职者，但是综合评估后我们最终决定录用了她。事实证明我们的选择没有错。她入职后的工作表现长期优秀。

职场的新人们，倘若你是面试官，是不是和我们一样也会优先录用她呢？相信你的回答也是肯定的。这个故事告诉我们，讲故事的能力在面试中至关重要！面试的本质是看到你冰山下的思维方式和个人特质，也就是除了了解你简历呈现的学习成果和专业能力，还想了解你的性格特征、思维认知，你的三观，还有你为未来的职业发展所做的一切努力。Amy老师从多年面试万人以上的经验中总结出的心得是，讲一个好故事是打动面试官最好的方式。《故事思维》的作者安妮特·西蒙斯曾培训过微软公司、美国国家航空航天局等著名机构的员工，她有一个核心观点就是讲故事永远胜于讲道理。讲好一个故事，可以赋予冰冷的数据和残酷的事实以温情，可以触及最有心机、最强硬、最敌对的人内心深处的柔软所在。如何在面试中讲好自己的故事呢？这可以是一本书的内容，今天Amy先用一堂课给大家分享讲好故事的三个建议。

## ▶ 故事的真实性 ◀

面试官阅人无数，基本对人性的洞察都入木三分。千万不要把别人的故事生搬硬套在自己身上，哪怕你讲得有声有色，面试官只要询问一下故事的细节，你就会露出破绽，你的肢体语言和微表情等下意识的动作就会出卖你。不要刻意追求故事的完美，要学会主动呈现故事的真实性。细微之处也会打动人心。

Amy老师曾经面试过一名新人，他说他大学四年平平淡淡地度过，没有做出什么突出成绩，也没有什么亮眼的爱好。唯一坚持做的事是每个月都定期去养老院陪老人聊聊天，帮他们做点力所能及的事。他说他只是单纯地喜欢他们看他的眼神，看他迈进养老院大门的那一刻快乐的眼神。他说的时候平静如水，但是他的每一句话在Amy老师心中都掀起了一阵波澜。那一刻北漂的Amy老师想起了自己的家人，脑海里浮现出一幅自己家人被陌生的他陪伴的画面。

一个四年坚持利用业余时间去养老院陪伴老人的求职者是值得尊敬的，值得珍惜的，值得我们公司录用的！Amy 老师重点推荐了这名新人，也和业务部门分享了他的这个细微的故事。业务部门非常重视，顺利通过业务部门复试的他正式成了我们公司的员工。再小的故事也有打动人心的地方。

今夜，当你下课了，或者下班了，身为新人的你，静静地坐在书桌前回想一下过往，认真找出自己能打动人心的故事，记录下来，有备无患。

## ▶ 提炼故事的重点 ◀

你要从众多能打动人心的故事中提炼出故事重点。前面的课程和大家提过，每一家公司的简历都需要量身定制。同理，每一家公司的面试故事也需要量身定制。每一家公司的企业文化不同，每一家公司岗位要求的核心特质也有偏差，你需要找出你与面试公司最匹配的关键特质，用最匹配的故事呈现你的特质。用故事支撑的特质就像用数据支撑的道理一样，有理有据让人信服！每一个特质背后的故事不要只准备一个，尽量多准备几个，根据现场你对面试官的感知随机应变地拿出来分享！Amy 老师曾经面试过一名职场新人，他为了强调自己的快速学

习能力，简短地讲了三个他大学时代快速学习不同新东西并获得
小成绩的小故事，让人眼前一亮。Amy 老师在前面的课程中总是
反复和大家强调匹配，讲故事之前也要有匹配的意识，让自己的
故事和自己的特质高度匹配，如此的表现一定会成为你面试的加
分项。面试的时候，哪怕你感觉面试官像是和你拉家常一样在聊
天，一定要认识到，这只是面试官让你放松下来的一种策略，你
可不能真的把面试当聊天了，而是要在面试有限的时间里呈现最
好的自己，最需要展示的自己，最匹配岗位要求的自己！

## ▶ 注重细节表达 ◀

讲重点突出的故事时要注重细节的表达。细节决定故事的
成败，细节也决定面试的成败。

Amy 老师曾经面试的一名求职者讲述了他大学和
室友一起实习的故事，原本他是想强调自己有实习经
验，但是他过多地描述了他爱偷懒的室友被老板各种
教训的事，舍本求末的故事结构让 Amy 老师感觉他的
表达过于随意，没有抓重点，逻辑思维有点混乱，最
后没有给他复试的机会。

面试的心态可以是轻松的，但是面试的态度是严肃的。面试中的表述，面试中所表达的故事需要注重每一个细节。细节一是需要注意放松，放松，放松，也就是前面的课程中提到过的松弛感。一定要在面试前多刻意练习。人在放松的状态下讲故事会更有吸引力。如果你真的很紧张，你也可以告诉面试官你当下的状态有点紧张，面试官不但不会说你，还会对你有一个诚实、善于沟通的好印象。但是切记不能反复强调你很紧张，如此只会给面试官带来反感，还有就是会给他留下你缺乏自信的负面印象。细节二就是，讲故事不是演独角戏。讲故事是沟通，是对话，是交流。不能给面试官你在背课文的生硬表达的感觉。讲故事有故事的情境，要用适当的互动把面试官的情感带入到故事的氛围里，创造恰如其分的氛围感。面试官如果越听越入神，说明你离offer也越来越近了。细节三就是，肢体语言的表达要符合讲故事的气场。你的声音的音域符合故事情节的调性，你的肢体语言要为讲故事服务，让面试官更信服。有一些能够令人记忆深刻的故事细节，比如对颜色、味道、景色、声音的描述，面试官会在脑海里呈现一幅幅相关的画面，故事会更令人印象深刻。细节四是，面试的所有故事不能只从一段同样的经历中提炼。如果反复强调一段经历，会让面试官有一种你只有这段经历可以讲的感觉。Amy老师曾经面试过一名新人，她是海归硕士，但是面试时所有的故事都是在说她海外的经历，对本科的经历只字不提。面试完之后，Amy老师对她本科的过往打了一个大大的问号！记住：你的生活不缺故事，只是缺发现。从多段经历里面提炼你的故事，如此会让面试官感觉每一段经历都有亮点，都有成长，都有可圈可点的故事。细节五是讲故事的词语要通俗易懂。面试官也不是万能的。当面试官面对只有在你所学专业里才会高频出现的专有名词时，也会蒙圈。所以当你讲故事的时候，对专有名词进行适当的、简要的解释，不仅能让面试官很快明白你想表达的意思，也会增加面试官对你善于换位思考的印象分。细节六是谦逊低调地表达。面试官也是人，生而为人的倾向都是同情弱者的。哪怕你在故事中不一定是弱者，但是保有一个谦虚和低调的态度，面试官就会和你产生共鸣。展现个人的缺陷能够增进相互信任和亲密度，可是你千万千万不要给面试官倒苦水。没有人喜欢听一个满身负能量的人的唠叨。细节七是故事情节需要精心描述。环环相扣的情节是任何好故事的根基。可以用背景、目标、行动、结果和自身这个结构来帮助自己构建最有效的故事情节——铺垫背景，介绍目标，列举具体行动过程，总结结局，以及最重要的，真诚地表达你从中学到了什么，你在故事中的作用是什么，你为什么认为这段经历对你很重要。记住，要让你的故事简短又深刻。

讲好好故事

1 故事要基于真实

2 要提炼故事的中心思想

3 故事要与岗位匹配

4 理顺故事的细节

## 第十课 面试案例分享2 情绪价值

### 划重点

　　面试不仅仅是考察你的学历背景和专业能力等等硬实力，而且还要考察你的情绪价值！

　　情绪是决策的一部分。面试开始后10秒钟内，面试官就会做出初步判定，之后的对话时间都只是在不断肯定他自己的判断。在招聘时依赖自己的情绪做出判断，最后招到的人常常是那些让自己感觉舒服的人。你可以多输出正能量，让面试官意识到你的情绪价值。

你好，我是Amy老师。

今天我们继续来听听新人面试的三个小故事：

张三大学毕业后在外企工作了两年多，因为受不了长期加班的高强度工作，新年伊始就开始马不停蹄地找工作。他的简历是挺优秀的，学历背景和公司背景都不错，当Amy老师邀请他来到我曾经服务的集团公司面试的时候，他的整个面试过程充斥着抱怨，抱怨前公司的加班文化，抱怨老板高压管理，抱怨同事关系冷漠。虽然他的专业能力不错，但是情绪管理能力的欠缺让Amy老师还是果断选择放弃了他。

李四是大学刚刚毕业的新人，家境不错，父母因为工作过于繁忙无暇陪伴他。从小，爷爷奶奶对他比较溺爱，养尊处优的环境使他的性格有点狂妄。Amy老师面试他的时候打量了一下他，他全身上下都是奢侈品，说话的语气也是大少爷做派，总是昂着头。整个面试过程中他经常抢话，打断别人说话。感觉是他在面试Amy老师，而不是Amy老师在面试他。你们说他这样的态度能通过面试吗？显而易见是不能的！

小明是一名在面试中屡次受挫的新人。他成长环境有点特殊，出生在大山里，在他很小的时候，他的父母为了多赚点钱，长期外出打工，他是爷爷奶奶一手带大的，留守儿童的身份加上天生内向造成他性格有点孤僻。面试的时候，他几乎没有任何有亲和力的表情，表达也比较生硬，一张冷若冰霜的脸感觉拒面试官于千里之外。

三个小故事告诉我们，面试不仅仅是考察你的学历背景和专业能力等等硬实力，而且还要考察你的软实力。软实力有一个被职场很多人忽视的价值，那就是情绪价值！多数人都低估了职场之中情绪问题的规模和涉及的范围。情绪的波动不仅仅会影响上下级的关系、同事的关系，同时会影响个人职业发展的积极性、主动性，还会影响健康状况、沟通交流的有效性，乃至工作质量等等。但大多数人并没有重视这些情绪。Amy老师在百校公益巡讲的一堂课中，曾经听到一名名校大一新生说她认为职场认真钻研专业的业务就行。Amy老师认为，我们大家都需要提升对情绪价值的认知。尤其是在求职面试、薪酬谈判、工作汇报等关键时刻。分享三个如何在面试中有效提升情绪价值的建议给大家，这里主要针对职场新人，这是Amy老师分析调研了上万位职场新人面试的心得。

## ▶ 情绪是面试官决策的一部分 ◀

很多职场新人开始工作的时候，都认为求职面试时职场的风气就是用业绩说话，不要小题大做，最好是做一个没有感情的杀手。类似的认知和事实之间都是有极大偏差的。《情绪的力量》一书曾经提道："情绪是决策的一部分。"在目前的招聘面试中，情绪已经有了很大的影响。在法律、金融、咨询等行业，参与招聘的人员中有四分之三的人承认自己的决策源于直觉，而且，面试官往往会过早做出决策：研究显示，面试开始之后的10秒钟是有效时间，当面试官做出了初步判定，之后的对话时间都只是在不断地肯定他自己的判断。在招聘时依赖自己的情绪做出判断，最后招到的人常常是那些让自己感觉舒服的人。尽管现在越来越多的公司采用集体面试的方法保证面试评估的客观性，但是我们依然要清醒地认识到，只要是人在做决策，面试就是有主观性的，面试的情绪价值非常重要，值得我们每一个面试者，特别是职场新人重点对待。

## ▶ 利用焦虑 ◀

焦虑是我们每一名面试者都会遇到的问题。Amy老师面试过的求职者超过万人，从中发现很多异常的表现都是因为面试者过于焦虑。我们不能被焦虑控制，而要正确控制焦虑的情绪。焦虑背后的根源是对自己想要控制的东西的执念。面试准备时期可以经常问问自己，我为什么特别在乎这个面试机会？和这个面试机会相似的机会还有哪些？面试结果如果不好，我如何以平常心应对？当你看清焦虑的来源的时候，你就可以更有效地应对面试的焦虑情绪。Amy老师除了是一名资深职业规划师，同时也是一名高管教练，在高管情绪价值管理课中经常分享给他们一个"七问练习"，助力他们更理性、更客观地控制焦虑情绪。问题一，你焦虑的问题是什么？问题二，你焦虑的问题发生的可能性有多大？问题三，如果问题发生了，最好的结果是什么，最坏的结果是什么？最有可能发生的结果是什么？问题四，我可以做哪些事情规避最坏的结果发生？问题五，如果最坏的结果出现，我能采取哪些行动客观地应对？问题六，焦虑的时候，我的身体有哪些反应？采取哪些行动能让我的身体更加舒畅？问题七，所有能采取的行动之外，有没有创新的方法？

当你面试焦虑的时候，试试这个"七问练习"，希望能让你更快地走出焦虑的泥潭！

### ▶ 输出正能量 ◀

给面试官输出更好的情绪价值，除了要正视焦虑以外，最重要的是输出正能量。

输出正能量的建议之一：你的姿态一定不是高姿态，没有人喜欢高高在上的求职者。你的姿态也不能是低姿态，姿态过低是缺乏自信的表现。面试是双向选择，最明智的做法是平姿态，不卑不亢的态度，不骄不躁地交流，不急不缓地沟通。

输出正能量的建议之二：面试过程中要有亲和力。千万不要一副冷面孔。面试官每天阅人无数，工作强度也挺大，工作节奏多数也比较快，倘若面试的时候看到你摆着一副冷漠的表情，心里对你就凉了半截。微笑是良好情绪的开机键。释放你的亲和力最快速的行动就是多微笑，用微笑的态度快速拉近和面试官的心理距离。

输出正能量的建议之三：面试的肢体语言不要太多，不要太夸张，尤其不要抖脚。抖脚会引起大多数面试官的反感。肢体语言要符合你说话的节奏和情绪，不要让人感觉肢体语言和说话的内容不协调，这样给面试官的第一感觉就是，你的表达言不由衷。言不由衷的感觉一旦形成，面试官会对你说的每一句话都认真推敲，对你的信任感大打折扣。

输出正能量的建议之四：不要过度赞美面试官。部分职场新人为了增进面试官的好感，对面试官各种夸赞，比如反复说你真厉害、你真强等等。这些夸、吹、捧的话语，不但不是加分项，还会适得其反。高级的情绪价值基于你对世界的认知，对事情的正确处理方式的了解，和对他人需求的深刻洞察，给予有效的、适时的反馈。面试的时候可以适度地赞美，但是切记过头。如果没有找到合适的赞美点宁可保守一点，杜绝凭空赞美。没有马上引起好感的能力，至少不要引起不必要的反感。

输出正能量的建议之五：多用数据说话。前面的简历课程中就给大家分享过数据的重要性，今天在面试案例课里面再重申一下数据的重要性。数据会增强你说话的信服感。能用数字表达就不要用形容词表达。你面试的语言里面数据越多，给面试官的印象越深刻，对你信任感也越强。更高明的做法是基于你过往的数据进行分析和总结。如果你对数据的洞察敏锐，见解独到，分析到位，面试官会给你加分。因为数据本身没有意义，基于数据反映出来的有深度的思考结论是容易打动人心的。

输出正能量的建议之六：善于换位思考。作为面试者在面试过程中要经常换位思考，站在面试官的视角审视自己，会有更多的新发现。不要急着回答面试官的问题，慢一点回答没事，思考片刻，想想面试官真正想了解的是什么，真正想考察的是什么，真正想听到的是什么。只站在你个人的视角时，你容易被急于求成的心态绑架，换位之后的思考会让你更从容，更淡定，更有方向感。

输出正能量的建议之七：有温度地沟通。不管你是在回答一个问题，还是在倾听面试官的问题，你要随时随地营造出一种有温度地沟通的氛围感。语音语调是否符合当时的气氛？面试官如果是细声细气说话的沟通方式，你也应把声量调到和他相近的分贝。面试官如果是快人快语，你就不能过于慢慢吞吞。要尽可能地找到和面试官相近的温度，用相近的温度温暖面试官，释放你最温暖的善意，让面试官和你沟通时总是如沐春风。

情绪价值

1 能给面试官带来情绪价值
的求职者更能被录用

2 应对面试焦虑的七个自问

3 输出正能量的七个建议

## 第十一课　面试案例分享 3
### 被动局面的处理

**划重点**

不敢谈钱，自降身价，都是职场新人常有的错误观念。我们要快速将学生思维转变成职场思维，敢于谈钱，勇于谈钱，有策略地谈钱。

面试中遇到不会回答或者是没有什么把握的问题，如何从容理性应对呢？Amy老师分享个人的七个建议给大家参考。

你好，我是Amy老师。

今天我们来分析职场新人面试时会遇到的被动局面，有两种常见的场景。

## ▶ 不敢谈钱 ◀

先分享三个小故事：

> 刚刚大学毕业的张三面试的时候感觉挺好，雇主方也有录用他的意愿，但是谈到薪酬的时候他有点茫然了，不知道如何表达自己的心愿。性格偏内向的他心里总是有一种"谈钱很尴尬"的心理暗示，把薪酬谈判的所有主动权都交给了雇主方。

> 李四因为所学专业不是特别市场化，在市场上能匹配的职位比较少。迫切希望找到一份工作的他，每次面试的时候都会不断压低自己的身价，最后拿到的offer都和自己预想的薪酬相距甚远。

硕士毕业的王五去面试父母的朋友帮忙推荐的工作，碍于父母朋友的情面，一直不好意思和雇佣方提薪酬的事情。后疫情时代，职场新人找工作难度增加了，父母朋友推荐已经帮了大忙，还要求薪酬就感觉自己要得太多了。当王五拿到offer的时候，看到不理想的薪酬，他的心里充满失望，有点纠结是委婉拒绝还是勉强去工作。

这三个小故事在职场新人求职过程中比较常见。不敢谈钱，自降身价，都是职场新人常有的错误观念。薪酬谈判在我们后面的课程有专门讲解，今天Amy老师想和大家分享的是，大家要提升一个非常重要的自我认知，我们要快速将学生思维转变成职场思维，敢于谈钱，勇于谈钱，有策略地谈钱。不敢谈钱的背后折射出的原因大概率有三个：第一是对自己和雇佣方的关系的认知不够，第二是对自己的能力缺乏自信，第三是缺乏谈钱的经验。我们一个一个来谈。

第一，学生在学校和老师是师生关系，但是学生进到职场时，和公司的关系就是契约关系。契约关系是建立在平等、自愿和独立的基础之上的。作为职场新人的你要敢于维护自身利益，保护自己应有的合法所得。应有一个双向选择的思维，你在选择我的时候，我也在选择你！双向奔赴才是王道！

第二，当你对自己的能力不够自信的时候，要保持长期主义的心态去看待一份工作，同时也不能无限度地自降身价，如此只会让你丢失更多可能的机会。Amy 老师反复强调的"匹配"两个字，雇主方评估的最高标准是你有多匹配，而不是你有多便宜。

第三，要不断增加自己谈钱的经验。能自如谈钱的背后的核心逻辑是要对一份工作的评估标准有客观的认知。一份工作的价值评估标准是很多的，你可以从薪酬福利、成长空间、经验提升、资源共享等多个维度去评估。记住要学会平衡短期利益和长期价值。不要为了短期的利益，透支长期价值。

## ▶ 被问住了 ◀

职场新人面试时会遇到的第二种被动局面，也是大家经常会碰到的：面试中遇到不会回答或者是没有什么把握的问题，如何从容理性应对呢？

Amy 老师遇到过各种各样的回答方式，有的直接沉默，不知道说什么好，最后是 Amy 老师转移话题，缓解面试气氛。有的直接一口回绝，对面试官说自己不了解，不知道，不清楚。

有的随便回答一通，想到哪里说到哪里。你呢？身为职场新人的你属于哪一种情况呢？不管哪种情况，都无法给面试官留下一个好印象，前面一课我们谈到情绪价值，你回答的态度和内容过于随意或者过于紧张都无法给面试官提供好的情绪价值，更无法给面试官留个好印象。如何应对这种局面呢？Amy老师分享个人的七个建议给大家参考。

建议一：平时主动思考，深度思考，未雨绸缪。在准备面试的过程中尽可能地多给自己提出更有挑战性的问题，自问自答，刻意训练自己的面试应答能力。Amy老师从过往经验中发现，其实大多数人回答不出问题的原因还是准备不够充分，甚至是根本就没有准备。

建议二：给自己争取思考的时间。如果问题比较复杂，可以直截了当地对面试官说："给我三分钟或者五分钟思考一下。"面试官面试你也是有压力的，他也希望快速了解你，你思考过的回答对他来说更有参考性。他一定是乐于给你时间的。放心大胆地对面试官提出要求吧。

建议三：坦诚地表达。如果面试官的问题你真的不会，与其糊弄一通，不如真诚地说一句，抱歉，我对这个问题不够了解。倘若是业务部门的人在面试你，你在机会恰当的时候可以反客为主，请教一下面试官这个问题的答案。大多数面试官都不会拒绝虚心请教的求职者，而且这也会给面试官留下一个虚心的好印象。

建议四：对面试问题进行拆解。快速在脑海里提炼出问题的核心。问题本身不是最重要的，最重要的是你如何分析问题和解决问题。你所有的回答都要围绕问题的核心，不要在问题的细枝末节上花费太多口舌，这是我们面试官最反感的。在我们资深人力资源工作者看来，问题的重点都抓不住的求职者很难做好一份工作。好莱坞经典电影《教父》里有一句话值得我们每个人深思：花半秒钟就看透事物本质的人，和花一辈子看清事物本质的人，注定是截然不同的命运。

建议五：将你被问到的问题迁移到你擅长的领域。职场新人经验有限，有的专业也不是特别匹配岗位要求，但是你一定曾经学习过一些和岗位要求相关的知识内容，你可以说虽然我的专业没有涉及这一块，但是我对岗位相关的另一些事情还是比较了解的，然后尽你所能将你的优势和题干进行有机的串联。在针对职场新人进行选拔时，面试官通常最在意的不是你是否已经掌握所有目标技能，而是你的能力，你的潜力，能否让你成为公司的高潜员工。

建议六：询问更多和面试问题有关的细节。有的时候面试问题会过于简单。面试官也是人，面试官也不是完美的，有的时候他提出来的问题会不那么完备，你可以直接询问问题的细节。面试是交流，面试是互动，面试是有来有往的。面试真的不是单纯的考试。在询问面试问题的细节之后，你才能更深刻地理解面试官想了解什么。明白面试问题的意图比问题本身更重要。

建议七是最重要的一个建议，拿起你的小本本，认真记下来。有的时候，面试的问题就是刁钻，就是奇葩，就是难解，请你不要灰心丧气。做了多年面试官的Amy老师给你们悄悄泄题了，摊牌了：这是人力资源工作者常用到的压力面试。通过出其不意的几个问题观摩求职者的反应，了解你试图隐藏的信息或者更好地了解你的思维过程，看你如何应对压力。尤其是职场新人，当面试官需要评估求职者是否是高潜员工的时候，经常会用到这一招。如果你表现得很慌张，很意外，很不淡定，你就输了！冷静！一定要冷静地应对。记住，态度比回答的内容更重要。当然，压力面试也是有初阶版和高阶版的。初阶版的可能就是刻意打压，比如：你在大学的成绩一般，你认为是你的态度问题，还是能力问题？有的是蓄意刁难你。比如：我不同意你策划的方案，你现在要怎么说服我？有的是全场咄咄逼人，不苟言笑，让人心生敬畏。高阶版的压力面试是，面试官会创造实际工作中的压力情境，比如创造一个真实环境，给你一个任务，让你感觉到入职后的工作压力，观摩你的行为表现。如果你在入职前都没有顶住压力完成任务，很难想象入职后你能有亮眼的表现。Amy老师在面试职场新人时有时候也会让他回去在有限的时间里完成一个方案策划或者作品，在和业务部门一起看完他完成的东西后再决定是否录用。行为面试最具挑战性的策略是，面试官会对你过去学习生活工作中遇到的特殊状况进行发难。针对职场新人，我们会问，你大学时代遇到最具挑战性的一件事是什么？你是如何应对这个挑战的？再比如我们会问，你过往在一个组织中，或者在一个项目中如何与自己不喜欢的人相处？还有一个各大公司经常会问到的问题就是，关于多任务管理的情况你是如何应对的？对于多任务管理的时间管理方法和结果呈现，如果你过往有这样的经验和案例，一定要烂熟于心，随时拿出来和面试官分享。如果你没有太多多任务管理经验，也可以提前阅读学习多任务管理的方法和思路，这样在面试官问到这个问题的时候，你就可以分享自己主动学习多任务管理的心得。压力面试还有一个撒手锏，就是连环施压，面试官通过不断追问，让你没有时间思考，你表现出的基本都是本能反应。当你准备充分的时候，你就手中有粮，心中不慌，能够从容应对了。

被动局面处理

① 不敢谈钱（三个策略）

② 被问住了（七个建议）

## 第十二课　面试案例分享4
### 谈谈缺点

**划重点**

　　表达自己的缺点时，避开三观和性格层面的缺点，谈一个相对容易改善且与目标岗位关联度低的缺点，讲完一定要追加目前正在如何克服该缺点。

你好，我是Amy老师。

分享一个职场新人面试的故事。

后疫情时代，职场新人张三不放过每一个面试机会，但是面试了很多家企业，结果都不理想。当他复盘所有面试时发现，被问得最多的问题就是："你的优点和缺点是什么？"而他在阐述自己缺点的时候，经常重复的标准答案是过于追求完美。

张三犯了一个职场新人的通病，本以为抄作业是最省事的回答，但是这个貌似可以作为标准答案的话已经被用烂了，人力资源工作者听了普遍会觉得你油腻且套路，会有点反感。

分享职场新人如何高质量地回答"你的缺点是什么"这个问题。

我们先分析一下人力资源工作者问这个问题的动机。首先作为工作多年的资深人力资源工作者的Amy老师想给大家分享的是，这个问题非常常见，相关数据统计，在90%以上的职场面试中，这个问题会被问到。如果回答得好，哪怕前几个回答的内容一般，这个问题也有可能成为面试好感度的加分项。面试官希望通过询问你的缺点而全面了解你，综合考察求职者的方面从浅到深有五个层次——我们一起想象一个冰山模型——分别是知识、技能、思维方式、性格特质和三观。知识和技能是水面上的，可以通过后天的学习和刻意练习获得，思维方式、性格特质和三观是先天和后天共同影响、共同发展的结果，是水面下的。在表达自己缺点的时候，尽可能避开三观和性格层面的缺点，因为这两者改进需要的周期相对长，而且很容易给人不好的刻板印象。

## ▶ 谈谈水面之上 ◀

可以重点谈谈你在知识和技能获取方面的缺点，次要选择可以说说自己的思维方式。这是 Amy 老师给你的第一个建议。听到这里，你现在就可以思考一下，自己在知识和技能获取方面的缺点，最好是与你应聘岗位的核心技能要求比较疏离的缺点。

## ▶ 相对容易改善 ◀

第二个建议是，表达一个相对容易就能改善的缺点。比如说你是热心肠的人，那你可以说你的缺点是乐于助人，经常因为帮助别人而没有足够的时间做自己的事。再比如你的缺点是经常会紧张，那你可以说你经常会因为紧张而表达得不够清晰，但是你正在通过参加演讲和学习沟通的系列课程，提升自己的沟通能力和临场应变能力。在最近的一次实习中，你被要求做一个简短的公开演讲，你顺利地通过了这个挑战，并得到了很多的认可。当你讲完缺点后，再清晰地表达一下改善缺点的思路和方法，那就得到了一个为你量身定做的高质量回答了。

## ▶ 化劣势为优势 ◀

这里就引出了第三个建议，也是最重要的一个建议：化劣势为优势，找出你的缺点的积极面。面试中表达的缺点要有的放矢，多说可以被转化成优势的缺点。比如说你太看重作品的质量，几次错过交稿日期。再比如你过于注重细节而延长了项目完成的时间。虽然有点拖延症的迹象，但是从积极的层面来看也代表你有耐心，很细心。

## ▶ 坦然承认 ◀

第四个建议，你要承认自己的缺点。要有勇气承认自己的缺点和不足，坦诚可以和面试官拉近距离。完美是不存在的，真实永远完胜完美。面试中坦诚地承认自己的不足，让面试官真切感受到你是一个诚实可信的人，一个有自知之明的人。

## ▶ 一定要有后续 ◀

第五个建议：Amy 老师重申一下，你回答面试问题的完整方式是，说完缺点后，一定要有后续。后续的部分不是可选的，而是必须要说的。必须在表明缺点之后主动分享你的改善行动。作为服务过国企、外企、民企等多元化集团公司的 Amy 老师，有一个心得要给大家分享。身为面试官的我们希望看到的不是问题的本身，而是你敢于直面自己的勇气，还有就是你解决问题的行动力。我们希望看到你能清晰地认识到自己的不足，并且付出行动来优化和改善。身为职场新人的你可以告诉面试官你现在在做哪几件事来改进你的缺点。举个例子，如果你的缺点是动手能力相对弱，你可以说你过去经常会依赖电脑技术来解决问题，忽视了手动解决问题的能力。但最近一年的你正在通过学习和练习来平衡你的技术和动手能力。在最近的实习期间，你在自己参与的一个项目中尝试使用手动方式来完成一些任务，这让你更好地熟悉了如何有效地利用不同的工具和技能来解决现实世界的各种疑难问题。

## ▶ 避免负面言论 ◀

　　第六个建议：避免负面的、消极的、负能量的表述。不要表达任何不利于工作的种种负面言论，比如说缺乏信心或缺乏自我驱动力，如此表述会让面试官质疑你是否匹配这份工作。尽量简短，简洁是面试的灵魂。不要过于详细地阐述你的缺点，也不要过分强调它们的细枝末节。身为职场新人的你只需要简单地说明你的不足即可。重要的是表述你的改进计划、改进目标和改进行动。举个例子来讲，你如果要说自己关于面对压力时的缺点，一句话说完就好了，就说我有时会感到压力，需要一点时间来调整和平衡自己的心态。然后重点说说最近一年正在学习如何有效地管理压力和焦虑，比如通过冥想、运动和结交更多的良师益友来释放压力。最近的一次实习中，你学会了通过和朋友一起去户外露营来舒缓自己的压力和焦虑。再举个例子，前面提到过一个缺点：细节控。你可以用一句话说：你有时会因为对细节过于关注而失去全局视野。然后重点说明最近两年你已经充分认识到这个问题，在学习和生活中经常主动和有全局视野的老师、同学们学习交流，在你最近实习的一个项目中，你会与你的同事们定期复盘开会，不断提升自我的战略管理思维，根据公司要求的项目进度，按照计划的时间节点高质量完成。

## ▶ 选择适当的缺点 ◀

第七个建议：根据你面试的职位，选择适当的缺点。对于市场营销方面的职位，你可以选择"缺乏扎实的技术背景"作为缺点，因为能否熟练掌握技术可能会影响你在数字化营销方面的表现。不过，同时也可以提出你最近正在上学习技术方面的网课，表明你为了主动提高相关的技能而认真付出。对于销售职位，你可以选择"热情过度"来作为缺点，因为这个缺点可能会让你的行为和决策过于依赖情感，而不是专注于理性客观地完成销售业绩。但是你可以提出最近在学习提升沟通能力的系统课程，并且在实习中认真观摩前辈的销售全过程，把前辈发人深省的销售技巧和销售方法暗暗记下来，不断在销售实战中模仿，实习结束后公司的前辈对你的成长表示高度认可，称赞你的沟通能力有大幅度提高。对于人力资源岗位，你可以选择"过于依赖团队的决策"作为缺点，因为决策有路径依赖，会让你经常无法独立思考和解决问题。你可以分享一些自己经过独立思考，在必要时做出了决策的小案例、小故事，表明你在自我提升的路上不断精进。作为职场新人最常见的一个缺点就是缺乏经验。如果应聘需要一两年工作经验的职位，你可以主动承认你缺乏相关的工作经验，同时解释说你有快速学习的能力，正在积极地努力学习和适应新环境、新课题，用来弥补自己的经验不足。还有一点就是，疫情时，大家很多时候会依赖线上社交。作为才在职场刚刚工作不久的新人，线下社交能力不足是很多学生需要不断提升的能力。如果你面试的是一个需要与客户或团队合作的职位，而你又有点内向，你可以主动承认说你不是一个很外向的人，需要更多时间来适应新的环境和人际关系。但是你可以举几个例子说明你正在努力改善你的社交能力，比如参加各种社交活动和线下沟通能力提升课程，正在努力提高自己的交际能力。

看到这里，相信你已经知道如何谈自己的缺点了吧。

谈自己缺点的七条建议

1 多谈知识、技能、思维方式

2 容易改善

3 找出缺点的积极面

4 承认自己的不完美

5 讲完缺点要有后续

6 避免负面言论

7 缺点与职位相"匹配"

## 第十三课　面试案例分享5
## 突出自我优势

### 划重点

如何突出自我优势？

你可以讲一个好故事，展示你的口才，谈谈你过去的高光时刻，展现你清晰的职业生涯规划，用你的热情感染面试官。

你好，我是Amy老师。

今天来教大家回答一个高频问题，也是职场新人面试必备的问题：如何突出自我优势？后疫情时代，如何找份好工作成了每个职场新人都关心的话题。多数职场新人都非常珍惜大厂或者明星公司的面试机会。最近 Amy 老师经常被咨询这样的问题：“拿到大厂的面试机会，我如何在面试中脱颖而出，充分表现自己的优势？”“接到一个大型国企面试邀约的机会，如果面试官问到我的个人优势，我该如何更好地回答？”“今年北京的硕博毕业生比本科生还多，我是北京的应届硕士毕业生，我该如何在应聘时描述自我优势，给面试官留下好的印象？”

职场新人在求职过程中，如何在面试中凸显个人竞争优势，Amy 老师给你分享七个建议。

## ▶ 讲好故事 ◀

你可以用讲故事的方式阐述你的优势。前面的课程里我们谈到过面试中讲故事的重要性。用来强调自己优势的故事要有针对性。故事要真实，要具体，要有能与岗位要求明确匹配的优势。故事讲得好，可以让面试官更容易记住你的优势。同时，好故事也是展示你个性和品格的机会。你可以通过描述你的行为、态度和行动，展示你的诚实、勇气和快速学习能力等等个人的性格特质。

## ▶ 突出比较优势 ◀

职场新人多数都缺乏足够的实践经验，你如果多提炼、多分享能体现你解决问题的能力的故事，就比较容易脱颖而出。比如你可以分享在实习期间或者作为职场新人，在某个项目里遇到困难后创造性解决问题的故事。类比这个故事，你也可以说，当你发现过往的项目实施方案无法解决当前问题时，你开始尝试创造性的解决方法。你先找到行业里最前沿、最系统的一手资料，了解了相关技术难题破解的最新进展，之后与同事一起多次进行头脑风暴，从十几个方案草稿里面提炼出来一个核心方案，不断对项目方案进行优化创新，用短期、密集的时间投入，最后提出了一个创新方案，取得了不错的成果，获得了公司层面的肯定。

## ▶ 自律带来自由 ◀

职场新人的自我管理能力是一个必备的基础能力。作为职场新人，你可以分享的工作经验非常有限，但是从大学时代的学习和生活的自我管理中同样可以提炼、概括出你的自我管理能力，比如你的时间管理能力。拥有良好的时间管理能力在职场上是非常重要的。可以阐述你通过时间管理获得的小进步、小成绩、小成就，也可以分享你在时间管理上的几个好习惯。好习惯的形成都是需要时间积累的。再比如你的自我激励能力。自我激励能力在每一位人力资源工作者眼里都是一个非常亮眼的能力。因为职场是一场马拉松比赛，比的不是短期的爆发力，比的是长跑的耐力和意志力。在工作的不同阶段有不同的工作重点和难点，要做到持之以恒，就需要不断地对自我进行长期的、反复的激励。

## ▶ 快速适应环境 ◀

快速适应环境的能力也是人力资源工作者比较看重的能力。现今的工作机会已经不仅仅局限在一省一市，更多的机会是跨地域的，跨文化的。从全球视野来看职场的就业机会，快速适应新环境的能力就成了职场人士必备的能力之一。作为职场新人可能没有太多跨地域的工作经验，但是你可以挖掘你跨地域的学习经验和生活经验。比如说你童年时家庭有搬迁，转学后快速适应新学校也是你快速适应新环境能力的体现。再比如你离开故乡来到千里之外的大学求学，很快适应大学环境，学习和生活都安排得井井有条，和宿舍里天南地北的室友也相处融洽。这些小故事都可以分享。又或者你实习的时候去了外企，和多个国家的同事和谐相处的经历也值得分享。跨文化的合作其实是个职场常常碰到的难题。如果有类似的经历，HR都是比较欣赏的，可以重点准备一下类似的小故事。

## ▶ 清晰的职业规划 ◀

你要提升职业规划的能力。不要小看职业规划的能力，这项能力在雇主方，尤其在人力资源工作者的眼里是举足轻重的。因为我们不仅仅关注你的当下，更关注你的未来。当你拥有明确清晰的职业规划时，说明你是有备而来的，不是盲目地找工作。面试中谈到自己的职业规划的时候，要巧妙地和雇主方的发展战略结合起来，让你的未来和雇主方的未来密不可分。你也可以分享自己面试准备阶段通过大量的调研得出的，对雇主方所在行业发展前景的理解。同时也可以请教面试官你的理解和公司真实情况是否有偏差。面试不是单向的沟通，是双向的沟通，经由你的提问也可以反向了解一下公司的真实情况。这里就要提到一个职场新人经常容易忽视的课题——雇主方的企业文化。我们人力资源工作者经常会给大厂的员工贴标签，比如某某大厂是产品经理文化的，某某大厂是有江湖气文化的，某某大厂是强调结果导向文化的。每一位服务大厂几年的职场人士都会带有所服务企业的文化基因，有相似的画像。不信，你做个实验，你细心观摩服务于不同企业性质（国企、外企、民企）的三位职场人士，看看他们有哪些不同的画像。职业规划很重要的一部分是你需要找到你比较认同和欣赏的企业文化的雇主方。契约的形成不仅仅是一纸合同，更是彼此价值观和信任度的共鸣。你要清晰客观地说明你将如何通过公司的职位来实现你的职业目标，让面试官看见你对自己的职业发展有明确的认知和科学理性的规划。

## ▶ 良好的团队合作能力 ◀

团队合作能力是职场新人相对缺乏的一项能力。因为学生时代的你多数时间是一个人在学海里孤军战斗。但是在竞争激烈的职场，依靠个人力量去战斗，身为职场新人的你获得胜算的概率是微乎其微的。如果你缺乏团队合作能力，你要尽可能地表达你希望培养自己团队合作能力的意愿。渴望成长也是一个优势，而且是值得讲出来的优势。如果你在大学时代，实习生活、短暂的职场工作里面有成功的团队合作经验，你就要重点拿出来分享。故事有两个以上最好，不同场景、不同人群团队协作的成功案例能充分说明你有良好的沟通技巧和协作能力，能同时与不同类型的人合作。如此会提升你面试成功的概率。

## ▶ 热情和积极主动 ◀

你要展现热情和积极主动的态度。热情是一种能力。面试官经常会问职场新人的一个问题是："你为什么认为你能在这份工作上取得成就？"很多职场新人面试回答这个问题的时候都泛泛而谈，或者单纯地表达决心。这样的回答都无法打动面试官的心。明智的做法之一是不要说你过去做的所有事情都是为了这份工作做准备，而是要重点突出地强调你过去做的几件重要的事情的成绩和业绩。明智的做法之二是要有长期主义的精神。要表明你过去长期研究这个领域，长期花时间投入精力，这会让面试官看到你的坚持和韧性，你暂时没有做出什么亮眼的成绩也没关系，毕竟你是职场新人，打动面试官最关键的是你在长长隧道里面的从容淡定、心怀希望、砥砺前行！明智的做法之三是肢体语言的辅助。肢体语言比单纯的语言更有说服力。你的眼神要坚定，你的肢体语言要自信。你的一言一行都是和语言融合的，都是你发自内心的真诚分享和积极向上的乐观精神。面试官大多数都慧眼识珠，哪怕你的能力和经验弱一点，如果你的热情感染了面试官，相信他一定会在面试综合评分上给你加分。因为热忱是可以传染的，他们希望你的热忱影响更多的公司员工，也希望你珍惜你那份职场难得的热忱！

记住这七个建议，好好展现你的优势。

## 面试自夸的七个建议

1. 讲好故事
2. 突出比较优势
3. 做好自我管理
4. 快速适应环境
5. 职业规划清晰
6. 多找团队合作
7. 态度上积极和热情

## 第十四课　面试案例分享6
## 面试中的高质量回答

### 划重点

　　坦白说自己失败的经历，让面试官了解求职者的成熟度、性格特质、包容度和接受批评反馈的能力。这些品质很难单纯从简历中反映出来，要让面试官看到，你没有沉浸在失败的泥潭中，而且也没有认为失败是一件大不了的事情，你更多的是从失败中学到了什么。

你好，我是Amy老师。

今天是面试案例的最后一课。

作为人力资源工作者，我发现一个职场新人在面试时经常出现的现象：当问起身为新人的面试者的失败经历的时候，他们中很多人支支吾吾，或者避而不答。类似的面试反馈都是负面的，会给面试官留下一个负面印象。坦白说自己失败的经历，对于职场新人来讲确实是一个有挑战性的问题。为什么面试官偏爱问这个问题呢？因为失败的故事和经历可以帮助面试官了解求职者的成熟度、性格特质、包容度和接受批评反馈的能力，而这些品质很难单纯从简历中反映出来。这个问题正确的回答方式不是避而不答，你一定要正面回答这个问题。不能说我没有什么失败的经历，这样会给面试官留下你自大傲慢的印象。提前准备一些失败的故事和心得，有备无患。Amy 给出八个建议，希望你能在表述自己失败经历的过程中更从容，更自在，更有的放矢。

## ▶ 讲小不讲大 ◀

面试中要讲小一点的失败，不要分享后果严重的失败经历。因为这样的经历很容易给面试官留下负面印象。你要学会抓住关键词，失败经历的关键词是经历，而不是失败。面试官对经历本身兴趣不大，更感兴趣的是你在当时的反应。也不要幼稚地给你的失败辩护，越辩越黑！真诚地承认错误是上策。

## ▶ 化被动为主动 ◀

当你表述一个失败经历的时候，你应当浓墨重彩地表述的不是失败的经历，而是通过失败的经历获得的反思，表示这是一次难得的自我教育的机会。你要让面试官看到，你没有沉浸在失败的泥潭，而且也没有认为失败是一件大不了的事情，你更多的是从失败中学到了什么。讲一个体现你个人深度反思的故事。这个故事一定是有选择性的。故事的核心是复盘你如何预见到失败的发生，如何从被动接受到坦然接受它，如何预防它再发生；而不是你做错了什么，或者受到了哪些无法弥补的伤害。后者只强调了失败的后果，而前者是你从失败的经历中领悟成长的时刻。比如说你可以分享实习时的一个项目经历，你们做了几十个方案，但是最终客户没有采用任何一个。公司很多人都认为你们这个项目做失败了，但是你们项目组复盘之后发现，这类客户就不是你们服务的重点潜在客户。项目组虽然提案失败，但是这次提案让你们公司对重点客户的画像更客观，更精准，更到位了。

## ▶ 侧重分享心得 ◀

深度反思的背后是了解学习、领悟、改进之间的区别。你并不是一步到位，直接从失败到解决问题的，学习和领悟是关键的过程，它们确保问题的改进得以发生。你可以分享你领悟的心得，再说你的改进方法和策略。领悟是成长的关键词。领悟的话也容易打动面试官的心。让面试官感同身受，你的故事在面试中才有现实的意义。

## ▶ 主观原因造成的失败 ◀

选取的失败经历最好是由你的主观原因造成的，而不是客观原因。客观原因造成的失败说了和没说一样，而且还会有负面效果，作为面试官的我们听到类似的故事第一反应就是你过于圆滑，不痛不痒的经历就不是经历，还不如不说。还有就是这类故事会给人一种你没有失败案例的假象。假象毕竟是假象，你不真诚的种子已经在面试官心里播种发芽了。

## ▶ 多提团队 ◀

我们，而不是我。

要主动选择你在一个团队里面和团队一起经历失败的案例。团队的失败相比个人的失败更能引起面试官的关注和共鸣。因为决策的背后有群体意识，还有团队无法掌控的诸多因素。讲述团队失败的经历一方面可以凸显你的团队合作能力，另一方面可以让你的失败经历更容易被理解，被原谅。比如说你们团队群策群力地花了一个月时间完成了一个策划方案，但是因为刚换了一个新领导，对这个策划选题不太认可，直接把你们的选题给否定了。团队听到这个消息郁闷了一晚上，但是第二天上班，团队成员们互相打气，头脑风暴，从领导关心的角度去诠释选题。第二次给领导汇报的时候，领导说认真考虑一下，这给团队带来了新的希望。

## ▶ 少说"失败"二字 ◀

不要过分强调"失败"这个词。说一两次"失败"是合适的，说明你是在直接回答问题。故事的后半段你可以将"失败"换成"事件"、"后果"或者"问题"这些相对中性的词语，这可以让面试官在语境里面感受到你的平常心。面试官如果感受到"失败"对你的负面影响很小，你就成功了一半。例如：我们没能处理好这个事件，这使我们花了一周的时间复盘、反思这件事，并总结出了三个可以快速避免将来出现类似结果的方案。

## ▶ 简短精练 ◀

失败的经历一定要简短精练。不要在失败的故事本身费太多口舌，这样只会渲染出你有很多负面的、糟糕的情绪。讲述失败故事的唯一目的是为你的反思、复盘和改进做一个铺垫。简洁地表达几句足矣，把更多的时间留给能提升面试好感度的内容。分享你的心路历程，分享你的改进方案，改进的小成绩、小成果。分享在失败经历里面，你的性格特质得到磨炼的收获。例如：你实习的时候曾经因为过于追求细节的完善而无法按期提交方案，受到了领导批评。一句话表述即可。后面你的反思就值得花费多一些的时间去阐述。经过这个事件，你开始反思自己时间管理、项目管理的能力，下决心提升自我管理能力。你参加了一些相关课程的培训，同时虚心向前辈请教项目管理的心得，通过三个月的系统针对性的改善，你第二次给领导提交方案的时候不但没有延迟，还提前了一天。

## ▶ 少谈无关经历 ◀

最好少谈或者不谈和面试无关的失败经历。失败的故事是有选择性的。Amy 老师前面的课程一直反复强调匹配，失败经历背后的成长最好是能匹配到岗位要求的核心素质的。不要期待面试官是知心姐姐，面试官想听的是你的性格特质是否匹配，不是你单纯的一段辛酸过往。

Amy老师曾经面试过一位职场新人，他大谈特谈失恋的故事。他大学四年如何如何为女朋友付出，大学毕业放弃回家考公务员的机会，为了女朋友当了北漂，但是女朋友过了一年经不住家人的劝阻，回到了故乡，和他分手。他抱怨女朋友各种不靠谱。同时公司因为经营不善，资金链断了，他也成为被裁的一员，现在到处投简历找工作。

听起来是一个失败的经历，但是故事本身没有积极意义。失恋、裁员是每个人都可能遇到的难题。难题的打开方式不是抱怨，而是如何冷静客观地解决。明智的做法是一句话表达公司资金链断了，需要寻找新机会。现在正在积极主动地找工作。一来通过校友渠道推荐，二来通过参加各种面试机会寻找，三来也在积极准备相关专业的资格证书，为在职场更好地发展储备更多的技能。细节提醒：个人感情的问题在面试中能不提就不提，能少提就少提。感情是私人问题，不要在面试中刻意分享。

身为职场新人的你有什么失败经历，今晚夜深人静的时候，是不是可以系统复盘反思一下呢？

失败 如何谈自己的

1 讲小不讲大

2 多讲失败后的自我改进

3 侧重分享心得

4 谈主观原因造成的失败

5 将自己置于集体中

6 少说"失败"二字

7 语言要精练

8 少谈无关经历

## 第十五课　薪酬谈判（新人篇）

### 划重点

职场谈钱是正常的，惧怕谈钱才是不正常的！薪酬谈判是让你用最小的代价获得最大的利益，这是你在职场活得更潇洒的必备技能。

你好，我是Amy老师。

这一节课我们重点来谈谈薪酬谈判。

作为职场新人，很多人对"薪酬谈判"四个字都比较陌生。Amy老师想告诉大家，这样的情况非常正常。工作中，我遇到过一些职场老人工作多年了对薪酬谈判都没有什么概念，更不用说薪酬谈判的实战了。讲一个最近发生的故事：

> 今年年初 Amy 老师辅导一名名校硕士毕业生跳槽。他是学习能力比较强的，严格按照 Amy 老师分享的方法和思路去执行，成功涨薪了30%！拿到这个满意的 offer 他非常开心，第一时间发微信给 Amy 老师表达了喜悦。

在分享他的喜悦的同时，Amy 老师陷入了深思，他在微信中提到他从来没想到薪酬谈判也可以让他涨薪！管中窥豹，我们可以想见大多数职场人士，特别是职场新人都缺乏对薪酬谈判的认知，缺乏对谈判方法的了解。今天，希望每一位想涨工资的你认真学习接下来的课程，或许能在你找工作或者跳槽的关键时刻获得涨薪的惊喜！

提到新入职公司的薪酬谈判和公司后续的内部涨薪制度，很多职场新人不知道该如何跟即将入职的新公司提起这个话题，也不知道公司或者上级愿意支付自己多少薪酬，所以惧怕去谈论，更不用说要求加薪了，这个认知是有局限性的。我们首先要对薪酬谈判建立客观认知：职场谈钱是正常的，惧怕谈钱才是不正常的！记住：薪酬谈判是让你用最小的代价获得最大的利益，这是你在职场活得更潇洒的必备技能。身为职场新人，如何进行有效的薪酬谈判呢？

## ▶ 运用穷尽法则 ◀

尽可能多地收集、获取各种有效信息，解决薪酬福利和市场行情信息不对称的问题。薪酬信息的收集有很多渠道，包括面试你的人力资源或者面试你的业务部门的相关人员，你可以直接问他这个岗位的薪酬预算、福利制度，如果他们给的信息相对模糊，你还可以通过线上的各大社交媒体平台或者相关网站去收集，还有一个最好的渠道是通过在公司里面服务过的师兄师姐或者朋友的渠道去打听，他们给你的信息最真实、最可靠。他们会告诉你很多只有公司内部人知道的隐性的薪酬和福利，又或者告诉你一些大家不知道的隐性的负面信息。有的公司表面上看月薪或者年薪比较高，但是因为长期频繁加班，折算到每小时工作的时薪是偏低的。所以薪酬不能只看一个维度，要从薪酬福利，包括公司发展前景等多个维度去收集和分析。

## ▶ 要有合理期望 ◀

一定要避免对薪资的期望值过高。职场新人经常犯的一个毛病就是过度自信，自我认知不够清晰。后疫情时代，降本增效是每一家企业的必修课。多数公司对薪酬支出的预算都做了调整，近六成企业选择加强成本管控，缩减人力资源相关预算费用。近半数的企业年度调薪比例在5%以下。作为职场新人，不要把钱看得太重，对薪酬要保持平常心，如果你的要求超出公司的薪酬最高涨薪标准，公司大概率会认为你不够现实，或者不够了解自我市场价值，从而不愿意与你合作。

## ▶ 提升谈判技巧 ◀

职场新人多数缺乏谈判技巧，很容易在谈判中被部分公司的人力资源牵着鼻子走。比如公司人力资源可能会在面试的时候问你对薪资的期望，而你却直接说出了一个具体数字，这时候，某些公司的人力资源可能会利用这个数字来压低你的薪资。

明智的做法之一是尽可能让对方首先给出一个薪酬范围。如此你心里可以做个初判，看看你期望的薪酬和公司实际能给出的薪酬的出入情况。明智的做法之二是要主动询问、了解薪酬福利包。每个公司除了薪酬以外，还有其他的福利待遇，比如商业保险、休假制度、弹性工作时间等等。如果你只是关注薪资，忽略了其他福利待遇，比如培训机会、明星项目的参与机会或者与明星团队合作的机会，又或者忽略了隐性的成本，比如长期出差、加班频繁、KPI（绩效指标）过高等等，那么你可能会得到一个相对比较高的薪资，但其他待遇可能会很糟糕。明智的做法之三是充分展现出自己的价值。展示"自我价值"核心亮点有三个：一是已经创造的价值。二是未来一年即将创造的价值。在阐述已有价值时，要重点强调领导尚未看到的。比如，不要说"我开发了一位医疗行业协会会长的客户"，而是要说"我和行业协会会长合作得非常顺利，他给我推荐了很多医疗行业的客户资源，现在我正在和他们一对一地不断沟通中"。类似潜伏在冰山下的价值能让领导更加深刻地认识你，看到你业绩增长的潜力。就算这次时机不对，不能给你涨薪，下次一旦有机会，他一定优先考虑你。当你想要强调自己未来的价值时，最明智的方法就是为公司或者领导关心的核心问题提供具体且可执行的战略战术。给你涨薪，意味着公司要增加人力成本。从权责利对等的角度来讲，你也需要为公司创造更多的价值。因此，在谈判中，第三个亮点，你强调的最好是相较于其他人比较稀缺的个人价值。你需要表现得让公司相信你是一个高潜员工，值得付出更高的薪酬。如果你没有在简历和面试中展现出自己的价值，那么公司可能会认为你不够优秀，以至于不愿意付出更高的薪酬。"被看见"的能力在面试中很重要，在薪酬谈判过程中也尤其重要！

### ▶ 要给公司做多项选择题 ◀

通俗地讲就是谈判要给公司留些余地。薪酬谈判不要过度追求涨薪这个单一的方案，可以先准备多个方案。比如薪酬上如果没有上涨空间，可以从租房补贴、绩效激励、试用期提前转正、试用期转正后加薪等多个维度提出多个方案，让公司有选择的余地，而不仅仅是只有一个涨薪要求。同样，从你个人的职业发展需求的角度，也可以给自己设定多选题。需要特别提醒初入职场的你，如果发现你的直线老板三观正、能力强，又有强烈的培养下属的意愿，你就不要在薪酬上过于计较，职场实力的快速提升是未来涨薪、高薪的基础。前面的课程里Amy老师多次给大家分享了个人心得：好老板甚至比好公司还重要。能力好的老板带你飞，本身就是变相的涨薪了！可能目前暂时看不到工资的涨幅，但是从长期主义的角度来看，更大的涨幅在未来几年。记住，好老板带飞，你的好日子在后头。

## ▶ 洞察人性，避免情绪化 ◀

　　薪酬谈判是交流，是沟通，是协商，不是争论，不是辩论，不是吵架！孙子曰："九地之变，屈伸之利，人情之理，不可不察。"这句是《九地》篇的核心。在薪酬谈判过程中，你需要随时洞察人性，掌握谈判方的心理活动规律。我们接触到部分职场新人，一听到人力资源告知的薪酬就非常情绪化地说一通，有的抱怨不断，有的过于高姿态或者过于低姿态，这都不是合适的沟通方式。最合适的做法就是换个第三方视角去看待薪酬谈判，不卑不亢，保持冷静和专业。倘若你在谈判中表现得过于情绪化，哪怕公司认可你的专业能力真的值得付出更高的人力成本，但是你情绪化的表现会让他们质疑你的情绪管理能力，最终吃亏的还是你。

## ▶ 展示自信 ◀

自信是职场的通行证，自信也是薪酬谈判的通行证。身为职场新人，要敢于展现自己的优势，敢于在谈判中表现出自信和决心。薪酬谈判的自信，突出表现之一是要强调自我价值而不是自我价格。自信突出表现之二是要让公司看到你身上的培养潜力，你的企图心，你对公司的忠诚度。自信突出表现之三是对自己的能力有信心，新人尤其要学会讲故事。讲故事的能力是职场人必备的能力之一。

总结自己过往学习和工作中的典型故事，故事的核心是强调你快速学习的能力和谦逊的工作态度，这是公司特别欣赏的特质，也是我们人力资源工作者特别看中的新人特质。同时你不要惧怕提出合理的要求。

## ▶ 把握关键时刻 ◀

薪酬谈判有几个关键时刻。关键时刻之一是薪酬谈判的氛围感。谈判时周围环境一定是安静的，双方一定是时间充足的，最重要的是，氛围一定一定是轻松的，是双方沟通得比较融洽的时刻，要主动创造谈判的松弛感。关键时刻之二是薪酬谈判的时机。时机把握的第一点是能当面谈薪酬的就不要电话沟通，电话沟通很难捕捉对方的情绪和真实想法。时机把握的第二点，当雇主方招聘进度比较急迫，用人比较急的时候，你有机会要求更高的薪酬。因为时间的紧迫性，用人方多数不会在薪酬上过于计较，只要不超过最高预算都有机会按照公司流程给你争取。时机把握的第三点是你应聘的这个岗位在市场上比较难招，稀缺创造溢价。这一点就要求你对行业和市场有充足的了解和深刻的洞察。因为岗位难招背后折射出的是人才稀缺性。人才稀缺性从我们人力资源工作者角度看来并不一定是能力稀缺，有的时候是地域上稀缺，比如说对口专业的名校生在一、二线城市可能很常见，但是在一、二线以外的城市就会被重点对待。人以稀为贵！

身为新人的你学会怎么谈钱了吗？

## 第十六课 薪酬谈判（进阶篇）

你好，我是Amy老师。

今天我们来讲薪酬谈判的进阶篇，这算是本书一个小小的彩蛋，希望你在看完本书后从职场新人快速成长，早日用到进阶篇的内容。

先分享一个张三的故事：

张三入职的时候刚好是疫情比较严重的2020年春天，公司的预算非常有限，当时他也没计较，就以比较低的薪酬入职了公司，转眼到了2023年。三年疫情期间公司发展也不是很顺利，张三的薪酬除了每年正常的一点调薪也没有什么大的变化。本来他还能理解，但是当他偶然看到网站上公司招聘新人时公开的薪酬比他现在的薪酬还高，他心里不平衡了，兢兢业业工作三年的老员工居然没有一名新入职员工的工资高，他心里失衡了！

作为职场新人的你们，可能会遇到入职几年后薪酬还不如刚入职新员工的情况，如何破除"薪资倒挂"的现象呢？必要的时候需要主动出击，主动和关键人物沟通涨薪。主动要求涨薪是一个系统工程，在这里分享八个建议。

### ▶ 充足的信息准备 ◀

首先，在提出涨薪要求之前，要先做好充足的信息准备。

包括准确地估算自己的价值、了解公司的薪酬激励制度、充分调查同行业同职位的薪资数据。有三个容易忽视的信息给大家重点强调一下。关键信息之一，你要对公司做个全盘的分析，公司处于快速成长期还是稳定期抑或是衰退期，公司不同的发展阶段决定了公司不同的薪酬战略。关键信息之二，你也要对你所在的部门做一个全盘的分析，你所在的部门是边缘化部门还是核心部门，是成本中心还是利润中心，是公司未来发展的核心战略方向还是公司即将要淘汰的鸡肋业务方向。把所有的信息汇总分析后再制定薪酬谈判策略。比如说公司和部门都蒸蒸日上，谈加薪相对容易一点，但是竞争对手也更多，你就要找出你的比较优势，你的核心价值点，特别是能用数据支撑的价值点，这就是你能打动关键人物的稀缺价值。如果公司和部门都是处于走下坡路的阶段，谈加薪的难度就会加大，但是危机中暗藏了机会。如果你有新创意、新想法，并有可支撑的路径和落地方法，你可以找机会大胆地提出来，薪酬谈判核心不在于薪酬本身，而在于权责利对等，当你贡献的价值有放大的可能，你的薪酬也就有了增加的可能。薪酬谈判在职业发展中算是比较复杂的博弈。很多细节分析和沟通需要一事一议。关键信息之三，如果实在没有大的把握，建议找一位专业的职业规划师辅导你选择涨薪谈判的关键时机。他们可以帮你少走弯路，量身定制薪酬谈判策略，辅导你突破涨薪谈判的困境。

## ▶ 做好充足的心理准备 ◀

谈加薪是双刃剑。只要涨薪是由你主动提出的，都会有一无所获甚至谈崩的潜在风险。心理建设有两个核心点：第一个核心点，你需要提前准备plan（方案）B，甚至是plan C。如果涨薪被拒绝，是走还是留，走的话是否提前找好了下家抑或准备考研。如果继续留下来，当时的场景该说哪些回旋的话都需要认真准备。千万不要一时冲动去谈涨薪，要一切准备好了再去找关键人物谈涨薪。第二个核心点就是坦然接受可能的拒绝。现实的情况下，主动谈涨薪确实不太乐观。即便你做了充分的准备去真诚地沟通，涨薪的要求也可能被拒绝。你要学会坦然面对这个现实，同时冷静客观地分析被拒绝的原因。或许是公司目前的薪酬制度无法突破，或许是公司为了平衡元老和新人的利益均衡使出了权宜之计，或许是你的表现还需要用一个阶段性的业绩来证明。努力过了但是业绩平平和努力过了终于拿到结果是两码事。对于大多数公司来讲，拿到结果更重要！无论是何种原因，都需要找到能改善的关键要素，继续努力提高自己的工作表现。如果你确实为公司提供超出公司预期的价值，但是公司领导就是不认可，你可以认真考虑一下这家公司是否适合你长期发展。这里给你一个特别的建议，那就是建议三。

## ▶ 不要钻牛角尖 ◀

千万不要把涨薪看作是对自己价值的唯一认可。尽管涨薪可以是对你的表现的认可，但并不是单一的激励方式。不要把涨薪看作是对自己价值的全部肯定，否则一旦没有涨薪就会感到情绪低落甚至失控。相反，要从工作本身的意义和乐趣中得到满足，不断提高自己的能力，不断积累丰富的经验，让自己成为更有价值的人才。还有一个大家经常忽视的点：记住，一次薪酬谈判不顺并没有什么大不了的，很多时候涨薪是一个时机的问题，时机不对，一切空谈。找到恰当的时机谈判至关重要。孙子曰："昔之善战者，先为不可胜，以待敌之可胜。"这句话的意思是说，从前，善于指挥作战的人，首先要创造条件，使自己不至于被敌人战胜，然后等待和寻求敌人可能被我战胜的时机。薪酬谈判是一场博弈，时机是博弈的天机。提涨薪最好的时机之一，不是做出了一些业绩之后，而是领导或者公司给你分配"重点的、困难的攻坚项目"或者"创新型、开拓型项目"的时候。如果领导给你安排的工作类似开疆辟土，或者极具有挑战性，你可以半开玩笑半认真地问问领导："是不是这个项目做成了，或者是出了一些业绩，就可以加工资呀？"但凡有成熟管理经验的领导都会有意栽培有潜力的员工，给新人充足的锻炼机会，一方面培养你，一方面提携你，只要你做出成绩，领导自然会给你各种激励，包括且不限于涨薪。倘若领导在你完成艰难项目之后无动于衷，或者他还喧宾夺主抢了你所有的功劳和业绩，那他也不值得你追随，趁早离开他是上策！

## ▶ 稀缺价值 ◀

找出你在团队里的稀缺价值。不要仅仅考虑自己是否能匹配岗位的高标准，而是要分析你是不是整个团队中唯一能匹配岗位高标准的人。部分绩效优秀的员工总会觉得自己的能力被低估，明智的做法是和部门的所有同事对标，找到自己不可替代的价值点，择机和部门关键人物沟通。

## ▶ 谈判的氛围感 ◀

氛围感是创造一个恰如其分的沟通气场。制造氛围感的技巧有两点。技巧之一是职场思维。在职场工作几年的你，已经不是刚毕业的学子，除了上面谈到的松弛感，你更需要保持良好的职业素养和相对成熟稳重的职业态度。技巧之二是，如果你评估分析后确认自己有涨薪的可能，可以预约领导的时间进行一次正式谈话，不要把谈话的性质固化成谈判，而要换多个视角去沟通。视角之一，把谈话当成一次正式的工作汇报。你只需要充分展示自我价值。展示"自我价值"，内容就是上节课谈到的已经创造的和未来即将创造的。工作几年的你要重点强调未来能给公司创造的价值。要有明确的业绩目标和实现的时间节点与路径。视角之二，分享故事。相信故事的力量。好的故事是容易打动人心的。你可以通过简洁精练的几个故事谈谈你在公司的成长，故事里一定有公司的帮助和领导的提携，特别是领导辅导你让你心怀感动的细节，当面感谢领导是和领导建立更紧密关系的上策。故事里也要有你的价值体现，你三观的体现，你对自我未来职业规划的体现。当领导感知到你是懂得感恩，又追求上进的时候，你提出的合理要求他会更加重视。视角之三，虚心请教的姿态。把自己当成一个虚心请教前辈的晚辈，直抒胸臆地讲出自己对公司的贡献，对未来的展望，对当下的职位和薪酬等的困惑。通常，薪酬的涨幅和职位的升迁密不可分。同级别的职位涨薪幅度非常有限，升职是涨薪最快的方式。对于如何加速升职，你可以多听听领导的想法和建议。不要没有充分沟通就对领导设置一个刻板印象，管理是平衡的艺术。有的时候你没有涨薪，站在你个人角度看来非常不公平，但是站在部门、公司的视角，你会了解更多的信息。比如说领导希望给你涨薪，但是公司目前暂时没有额外的预算。再比如说领导想给你涨薪，但是领导的领导有其他想法，等等。又或者你谦逊的沟通没有得到领导任何的回应，这些都会让你更清晰地看清领导的为人处世、公司文化的表象和真相。为你的职业发展，早做打算，早早规划。

## ▶ 不要抱怨 ◀

抱怨解决不了任何问题，只会给你制造更多的问题。职场最吃亏的一种人就是明明自己付出了很多，也做出了不少业绩，但是被自己一张抱怨的嘴给毁了大好前途。涨薪的要求是让自己被看见价值，而不是让自己被看见各种抱怨。你只感觉自己工作多、压力大，殊不知你的同事或者领导同样有类似的感觉。他们没有任何抱怨，你整天抱怨就会让领导觉得你的情绪管理能力比较差。你的表现会成为团队中的不稳定因素。哪怕领导考虑权宜之计给你涨了薪酬，但是他对你的信任度会大幅度下降，你的升迁可以说是遥遥无期。而且多数领导有一种悄无声息的做法，就是暗暗地找替代者，默默地把你边缘化。明智的做法是正能量地输出，正能量地表达，正能量地沟通。记住关键词：正能量。

## ▶ "曲线救国" ◀

你可以试试各种福利和长期激励的争取。争取涨薪在公司里面确实不是一件容易的事，因为公司有公司的想法，领导有领导的想法。有的时候领导真的想给你涨薪，但是由于现实某些情况或者制度的约束，没办法给你涨薪，那么你可以退而求其次，为自己争取一些其他的激励和福利。比如公司期权的授予、公司的培训资源以及额外的休假、交通补贴、住房补贴、弹性工作时间等等。

## ▶ "以迂为直，以患为利" ◀

这是《孙子兵法》的精髓之一。这句话的含义是，争夺制胜条件最困难的地方，在于要把迂回的弯路变为直路，要把不利转化为有利。谈涨薪要学会以退为进，用迂回之计。它是对正奇结合、出奇制胜的补充，也是对虚实结合、以实击虚的引申。如果领导就是认为你的涨薪理由不充分，对你的业绩没有给予充分认可，Amy 老师建议你提升向上管理的能力，你要通过一个项目或者一件事给领导施加压力。比如说，当你拥有了其他公司的 offer 的时候，你所要求的工资数字会变得更加实际。不仅如此，它还为你的老板创造了一种时间压力，一种需要给你快速涨薪的紧迫感。当然你要避免的一点就是，不要试图用与工作毫不相干的理由来证明涨薪的合理性。比如说用房贷压力大、小孩教育费用高，甚至家庭开支大来证明你应该得到更高的工资；再比如你刚买了一辆车，需要更多的钱还车贷……我们人力资源工作者想告诉你一个职场真相，公司是一个商业机构，大多数人只看你对公司的价值贡献，而不是你实际的经济压力。与其过多地强调自己开销大，不如更理性地强调自己的个人价值，特别是稀缺价值。

祝你在职场上越走越顺！

# 薪酬谈判

## 1 新人篇
1 收集有效信息
2 期望合作
3 善用谈判技巧
4 想好方案再提交申请
5 不要情绪化
6 展示自信
7 找准时机

## 2 进阶篇
1 信息收集全面
2 心理准备充足
3 不钻牛角尖
4 摆出自身的稀缺价值
5 注意氛围感
6 少抱怨
7 接受其他形式的福利
8 适当向上管理

后记

你好，我是Amy老师。

此刻Amy老师正坐在西湖边上的出版社的休息室里，给大家撰写最后一课。西湖的春风提醒Amy老师，职场新人的系列课程要和大家告一段落了。想象一下五年、十年之后的你是否会在公司的分享会上给职场新人们分享你的职场心得？有哪些和Amy老师有同感，还有哪些不同呢？期待你信心满满地给新人分享你的心路历程，期待你分享更多更精彩的课程和心得！期待那一天的到来！

今天我们复盘一下整个求职课程的内容。

首先你需要好好考察一下即将求职的公司，选择与你相匹配的公司，面试的时候好好观察一下未来的直线老板。还是那句口头禅，选择直线老板有时比选择公司更重要！在有多个offer的情况下，你可以重点分析你的直线老板。职场是双向选择的，公司在选择你的时候，你也在选择公司。

简历是你踏入职场的第一张名片，所以Amy老师用了很长的篇幅和大家分享简历的重要性。如何打造一份优秀的简历，希望看完课程的你已经拥有几份准备充分的简历。简历准备完之后就是面试准备了。课程里有大量的内容是关于面试的，因为面试在整个求职的过程中具有举足轻重的作用。大家可以反复学习面试的七个微习惯还有面试的六个思维，这些内容非常重要。面试思维和习惯的提升是终身受益的，因为面试会伴随你职业发展的全过程。后疫情时代，不确定性是每个人都必须面对的课题。失业后的再就业、职业发展的正常跳槽、公司内部晋升等等很多场合都需要面试。所以如何提升面试的能力就是职场新人的重要课题。珍惜每一次面试的机会，复盘每一次面试的得与失。当你的同学、朋友、爱人因为面试焦虑的时候，把本书分享给他，把课程当成一份礼物送给他，相信你们都会收获到共享知识的喜悦。

新人篇和进阶篇的薪酬谈判里有Amy老师的很多锦囊，光是这两节课就值得你购买本书啦。当你通过薪酬谈判的学习实现涨薪的时候，别忘了把课程分享给更多被困在薪酬谈判阶段的朋友、同学和领导，让他们和你一样更快速地升职加薪。

愿Amy老师的课程能提升你找到好工作的概率！

好了，今天的结语有点长了。在未来，Amy老师还会跟你分享更多职场新人入职后的系列课程，比如新人在职场中发展的核心七要素，比如如何顺利通过试用期，比如如何在团队中快速脱颖而出。这些一定能把你送到一个更好的公司的大门里。今天Amy老师先送你到这里，下一个系列课程中我们再携手同行。

最后的最后，感谢浙江文艺出版社的虞文军社长，感谢他对课程和百校公益巡讲的持续重视和关心，他让我们更有力量。感谢姜梦冉老师和诸婧琦老师的辛勤付出！我们一边在忙碌地录课，一边在做百校公益巡讲的活动。也感谢每一位为课程默默付出，为百校公益巡讲贡献力量的老师、朋友、同学。

谢谢大家！

蒋巧林